Michael Steffens

Auszubildende Führen, Fordern, Fördern

Praxishandbuch für Ausbilder und Ausbildungsbeauftragte

© 2020 Dipl.-Päd. Michael Steffens

Illustration: Hans-Georg Greifenstein

Lektorat, Korrektorat: Karen Mirbach, beratungswerkstatt.info

Weitere Mitwirkende: Rolf Hennequin, learndocs.de

Verlag & Druck: tredition GmbH, Halenreie 40-44, 22359 Hamburg

ISBN

Paperback	978-3-347-03578-2
Hardcover	978-3-347-03579-9
e-Book	978-3-347-03580-5

Das Werk, einschließlich seiner Teile, ist urheberrechtlich geschützt. Jede Verwertung ist ohne Zustimmung des Verlages und des Autors unzulässig. Dies gilt insbesondere für die elektronische oder sonstige Vervielfältigung, Übersetzung, Verbreitung und öffentliche Zugänglichmachung.

Inhaltsverzeichnis

Vorwort	9
Antriebskraft und Willenskraft	11
Aufmerksamkeit, Motivation und Konzentration	16
Aufmerksamkeitsschwäche	23
Aufträge erteilen	24
Auswertungsgespräche führen	26
Auszubildende führen	29
Autorität und Respekt	35
Benimmregeln	38
Beziehung aufbauen	41
Biorhythmus	47
Didaktik	49
Digital Natives	53
Lernen und Digitalisierung	59
Disziplin	61
Diversität, Auszubildende mit Migrationshintergrund	62
Drogen und Süchte	64
Du oder Sie?	70
Ego Depletion	72
Entwicklungsgespräche führen	74
Feedback geben und nehmen	75
Fehler machen und Verantwortung übernehmen	78
Führungsstile und Führungsverhalten	81
Gezielt Fördern	83
Handeln	86

Handlungskreislauf	88
Kritik ist die...	91
Kritisches Denken entwickeln	93
Kritisches Denken	95
Lebenslanges Lernen	99
Leerer Blick	101
Leittextmethode	103
Lernaufträge erteilen	105
Lernen im Internet	107
Lernpsychologie	112
Lernziele entwickeln	117
Lethargie	119
Motivation	120
Pflichtbewusstsein entwickeln	125
Pubertät	126
Respekt	128
Rollen und Aufgaben des Ausbilders	132
Schlüsselqualifikationen	134
Selbstwertgefühl	136
Struktur und Ordnung	137
Vorbild	139
Zukunft der Ausbildung	141

Vorbemerkung

Dieses Buch soll Ihnen als Nachschlagwerk, Lesebuch, Informations- und Anregungsquelle dienen, wenn Sie in der betrieblichen Ausbildung tätig sind oder Verantwortung tragen. In Vorbereitungsseminaren zur Ausbildereignungsprüfung stelle ich fest, dass viele Lehrbuchinhalte reines Lernwissen behandeln, das benötigt wird, um die Prüfung zu bestehen; mehr aber nicht. Oftmals musste ich auf die Entgegnung von Teilnehmern eingehen: „Bei uns ist das in der Praxis so überhaupt nicht anwendbar". Dem stimme ich zu.

In meinen Seminaren zur Weiterbildung von Ausbildern und Ausbildungsbeauftragten begegne ich zunehmend der Aussage: „Die Azubis von heute sind ganz anders als wir es waren und die Methoden, mit denen wir früher ausgebildet haben, taugen für unsere Azubis nur mäßig".

Um die Lücke zwischen Theorie und Praxis zu schließen, habe ich dieses Buch geschrieben.

Die nachfolgenden Texte verschaffen dem Leser einen Überblick über den derzeitigen Stand der Ausbildungsdiskussionen und der neuesten Erkenntnisse der Lernforschung in der betrieblichen Ausbildung. Sie geben Anregungen und schlagen Handlungsmöglichkeiten für die Praxis vor unter anderem zu den Fragestellungen:

- Wie ticken Azubis heute und welche Herausforderungen stellen sich dem Ausbilder?
- Welche Erkenntnisse der Entwicklungspsychologie geben Einblick in die Denk- und Gefühlswelt der Azubis?
- Wie lassen sich die Erkenntnisse der Biopsychologie und Verhaltenswissenschaften auf die praktische Ausbildung anwenden?
- Welche Ausbildungsmethoden sind zeitgemäß, wann und wo bringe ich sie zum Einsatz?

- Was verstehen wir unter digital Natives und wie kann ich mich als Ausbilder auf diese Zielgruppe einstellen?
- Was bedeuten in der Ausbildung die Begriffe „führen – fordern – fördern"?
- Wie kann der Ausbildungsbetrieb die Integration von zugewanderten Azubis erfolgreich leisten?
- Welche Erziehungsleistung muss betriebliche Ausbildung erbringen?

Sie werden in diesem Lesebuch Texte zu wichtigen Themen der praktischen Ausbildung finden.

Ich erlaube mir dabei, für den/die Auszubildende/n durchgängig den Begriff „Azubi" zu verwenden. Wenn vom „Ausbilder" gesprochen wird, ist auch der Ausbildungsbeauftragte gemeint.

Auf die Behandlung und Nennung einschlägiger Gesetze und Verordnungen zur Ausbildung verzichte ich bewusst; dazu gibt es Standardliteratur.

Aus Gründen der flüssigeren Lesbarkeit wird in den vorliegenden Kapiteln die männliche Sprachform bei personenbezogenen Substantiven und Pronomen verwendet. Damit ist keine Benachteiligung des weiblichen Geschlechts beabsichtigt, sondern soll im Sinne der sprachlichen Vereinfachung als geschlechtsneutral verstanden werden.

Am Ende mancher Kapitel habe ich Ihnen Quellen zum Nachlesen und Vertiefen angegeben. Dort, wo wörtlich oder sinngemäß zitiert wird, ist die Quelle ausgewiesen.

Wir sind daran gewöhnt, ein Buch als zusammenhängendes Werk zu lesen, das von vorne nach hinten durchgearbeitet wird. Das ist hier nicht der Fall. Schauen Sie sich die Themen an, die für Sie von Interesse sind. Jedes Einzelkapitel ist für sich selbst abgeschlossen. Dort, wo es Anknüpfungspunkte zu verwandten Themen gibt, finden Sie einen entsprechenden Hinweis.

Vorwort

Was soll aus euch werden?!

„Die Jugend liebt heutzutage den Luxus. Sie hat schlechte Manieren, verachtet die Autorität, hat keinen Respekt vor den älteren Leuten und schwatzt, wo sie arbeiten sollte. Die jungen Leute stehen nicht mehr auf, wenn Ältere das Zimmer betreten. Sie widersprechen ihren Eltern, schwadronieren in der Gesellschaft, verschlingen bei Tisch die Süßspeisen, legen die Beine übereinander und tyrannisieren ihre Lehrer".

Sokrates, 469 - 399 v. Chr.

Sie können davon ausgehen, dass in der Geschichte der Menschheit jede Generation an ihrer Jugend Zweifel hatte, Kritik übte.

Hätten sich die Ahnungen der vorangegangenen Generationen bewahrheitet, wäre die Menschheit seit langem ausgestorben.

Die Jugend von heute ist nicht besser oder schlechter als die Jugend von gestern oder vor 1000 Jahren. Sie ist nur anders.

Wie jede Generation vor ihr passt sie sich in ihrem Verhalten und in ihren Wertvorstellungen dem Zeitgeist an. Und der Zeitgeist weht beständig und verändert seine Richtung. Wenn wir an der Jugend etwas auszusetzen haben, müssen wir auch uns selbst Fragen stellen: Was ist unser Anteil an dieser Entwicklung? Wo haben wir Fehler gemacht? Sind wir noch auf der Höhe der Zeit? Haben wir den Anschluss verpasst?

Im menschlichen Leben, wie in der Ausbildung, werden wir mit drei Tatsachen konfrontiert:

- Vieles bleibt, wie es ist.
- Vieles befindet sich in Veränderung.
- Vieles ist völlig neu.

Zu allen drei Tatsachen müssen wir uns verhalten und immer wieder neu entscheiden, was wir behalten, welche Veränderungen wir mitgehen und welches Neue wir annehmen.

Im Folgenden wollen wir dazu die Jugend von heute vorbehaltlos betrachten und dem Ausbilder Denkanstöße, Hinweise und Handreichungen geben, um dem Auftrag der Ausbildung unserer Jugend angemessen nachkommen zu können.

Antriebskraft und Willenskraft

"Die Neugier ist die mächtigste Antriebskraft im Universum, weil sie die beiden größten Bremskräfte im Universum überwinden kann: die Vernunft und die Angst."

Walter Moers

In unserer Vorstellung können wir Berge versetzen, Firmen gründen und führen, komplizierte Sprachen, Instrumente und Sportarten lernen.

Geht es an die praktische Umsetzung der vorgestellten Projekte, enden diese oft schon im Ansatz. Wie lässt sich das erklären?

Das Vorstellen der Bewältigung einer Herausforderung nenne ich auch Vision. Es entsteht ein komplexes Bild in der Innenwelt des Menschen. Die Projektion dieses Bildes kostet die Person kaum Energie, triggert jedoch im Belohnungszentrum des Gehirns positive Emotionen, löst Begeisterung aus und in vielen Fällen auch den Impuls zu handeln, die Willenskraft.

Bei der Umsetzung der Vision in die Wirklichkeit können folgende Hindernisse auftreten:

- Die Person verliert unter den Mühen des praktischen Tuns, der Umsetzung vieler einzelner kleiner Schritte die Lust, denn bekanntlich haben „die Götter vor den Erfolg den Schweiß gesetzt".

- Während der Umsetzung des Projekts in die Praxis entdeckt die Person eine Faszination für ein anderes Projekt und lässt das angefangene Projekt versanden. Auch können zu viele Ablenkungen die Fokussierung der Person auf das Projekt beeinträchtigen und den Willen zur Beendigung brechen.

- Es ist auch vorstellbar, dass die visionäre Kraft der Person hoch ist, jedoch die Antriebskraft zu gering. Sei es, um überhaupt zu beginnen, sei es, um bis zur Beendigung des

Projektes durchzuhalten, da eine zu schnelle oder dauerhafte Ermüdung eintritt.

Stellen wir uns Willenskraft und Antriebskraft wie einen Treibstofftank vor, so hat jeder Tank ein individuelles Fassungsvermögen. Die Selbstkontrolle, also die Kraft, welche entscheidet, wofür und wieviel Energie eingesetzt wird, ist vergleichbar mit einem Gaspedal, welches die Person willentlich bedient. Je nach eingesetzter Energie wird mehr oder weniger der Tankfüllung verbraucht, die Willenskraft und der Antrieb lassen nach, bis hin zur geistigen und auch körperlichen Erschöpfung.

Selbst wenn die Selbstkontrolle Handlungsimpulse aussendet, bleibt die Umsetzung aus, denn die benötigte Energie ist verbraucht, der Tank ist leer.

Wir beschäftigen uns bewusst mit ca. 60.000 Gedanken am Tag.

Viele dieser Gedanken sind flüchtig, andere wiederum kehren regelmäßig zurück, manche Gedanken belasten uns, bauen uns auf, manche sind nebensächlich, unnötig, nicht zielführend, hypothetisch, negativ. Jeder dieser Gedanken, unabhängig davon wie wertvoll er ist, kostet Kraft, Willenskraft. Die Frage, die daraus resultiert, lautet: Wie bekomme ich „Lufthoheit" über meine Gedanken und setze meine geistige Energie für die richtigen Dinge ein? Oder anders gesagt:

Wie bringe ich die Willenskraft auf, mich mit den Gedanken zu beschäftigen, die wirklich wichtig sind und unnütze Gedanken zu vermeiden?

Die Wissenschaft nennt diesen Effekt **EGO Depletion** und beschreibt einen Zustand, den der Betroffene nicht direkt bemerkt, der aber schleichend, unterhalb der Wahrnehmungsschwelle von der Person Besitz ergreift.

Nach einem Tag angestrengter geistiger und körperlicher Arbeit stellt sich ein Zustand der Leere und Antriebslosigkeit ein; der Abgeschlagenheit. Die Fähigkeit, auch nur die kleinste Entscheidung zu treffen oder eine Unternehmung zu tätigen ist rapide abgesunken. Der Mensch möchte „nur noch auf die Couch und abschalten". Das ist Ego Depletion (siehe den gleichnamigen Beitrag).

Der Ausbilder muss erkennen, wie es um die Vorstellungskraft, Willenskraft und Tatkraft beim Auszubildenden bestellt ist. Seine Aufgabe ist es, den Auszubildenden so zu führen, dass dieser lernt, realistisch mit seinen Vorstellungen umzugehen, seine Willenskraft zu stärken und die Ressourcen seiner Tatkraft sinnvoll zu verwalten.

Dabei helfen das Einüben von Routinen, die sinnvolle Gestaltung zeitlich abgestimmter Lernintervalle, eine individuell dosierte Eigenaktivität des Azubis sowie gute Versorgung des Gehirns mit Sauerstoff und Glukose (ideal in vollwertiger Ernährung).

Beispiel: Ein Mitarbeiter trägt nach seinem Arbeitstag den Gedanken in sich „Ich müsste noch waschen und Hemden bügeln, damit ich morgen etwas Frisches zum Anziehen habe".

Er kann sich jedoch nicht dazu aufraffen und beschließt, am nächsten Morgen mit einem Poloshirt zur Arbeit zu fahren. So geht das mit vielen kleinen und großen Aufgaben und Vorhaben, für die am Ende eines Tages, möglicherweise aber auch schon viel früher, keine Kraft mehr vorhanden ist.

Ein erster Schritt, der helfen kann, ist die Klärung der Ausgangslage beim Azubi.

Fragen des Ausbilders an den Azubi:

- In welchen Situationen bist Du willensstark?
- In welchen Situationen fehlt es dir an Willenskraft?
- Was nimmt dir Willenskraft – Unbehagen, Bequemlichkeit, Furcht?
- Wieviel Willenskraft benötigst Du, um die anfallenden Aufgaben zu erledigen?
- Mit welchen kleinen Schritten kannst Du deine Willenskraft stärken?

- Was verändert sich positiv, wenn Du in den genannten Bereichen Willenskraft aufbaust?
- Woran wirst Du das Anwachsen deiner Willenskraft messen können?
- Wie kann ich dich beim Aufbau von Willenskraft unterstützen?

Anregungen des Ausbilders:

- Kläre Ziele und lege Prioritäten fest.
- Plane Wege und Maßnahmen (erstelle To-do-Listen und Ablaufpläne).
- Diskutiere nicht mit dir selbst – Entscheide!
- Hinterfrage deine Entscheidungen nicht – komm in Handlung!
- Setze dich selbst nicht übermäßig unter Leistungsdruck.
- Freue und belohne dich für jeden kleinen Erfolg!
- Wenn du siehst, dass etwas zu tun ist und du es tun kannst, dann tue es!
- Verschwende keinen Gedanken daran, ob es deine Aufgabe ist oder die Aufgabe von jemand anderem.
- Diskutiere auch nicht mit dir selbst, ob du Lust dazu hast, diese Aufgabe zu erledigen oder nicht.
- Mach dir ein Bild im Kopf davon, wie du aktiv bist, und komm in Handlung, vorzugsweise, ohne mit dir selbst zu diskutieren, ob Du willst, oder nicht: Nicht nachdenken – tun!
- Achte auf deine körperlichen Bedürfnisse: Beobachte deinen Biorhythmus: Wann hast Du deine Hochphasen und wann fällst Du in ein Leistungsloch?
- Sorge für ausreichend Schlaf.
- Erkunde, wann deine Konzentration nachlässt und mit welchen Mitteln Du dich geistig „erfrischen" kannst.
- Lege Pausen ein.

- Trinke regelmäßig (mind. 2 Liter Flüssigkeit am Tag).
- Verschaffe dir Bewegung.
- Sorge für gute Sauerstoffversorgung.
- Nimm ausreichend Glukose (aus Obst und Vollwertprodukten) zu dir.
- Es gibt eine Vielzahl von Apps, die dich beim Erreichen deiner Leistungsziele aktiv unterstützen können. Probiere mal einige aus.

Aufmerksamkeit, Motivation und Konzentration

„Ist einmal bestimmt, was das Ziel sein soll, so ist der Weg dazu leicht gefunden; aber diesen Weg unverrückt zu verfolgen, den Plan durchzuführen, das erfordert außer einer großen Stärke des Charakters eine große Klarheit und Sicherheit des Geistes."

Carl von Clausewitz

Die Lust am Lernen ist uns in unserer schulischen Laufbahn weitgehend abhandengekommen. Welchen Nutzen stiftet es, wenn ein 11jähriger Schüler Schillers „Die Glocke" auswendig aufsagen kann, aus jeder Verszeile seines Vortrags aber herauszuhören ist, dass er weder die Ballade verstanden hat noch besondere Lust auf den Vortrag verspürt. Und wenn wir im Geometrieunterricht lernen, den Abstand von zwei Geraden im unendlichen Raum zu berechnen – wofür soll`s im wahren Leben gut sein!?

Tests und Klassenarbeiten werden nach Fehlersuche benotet, nicht nach dem, was gut war. Meist ist Unterricht frontal und öde, die **Fähigkeit, Lernen zu lernen**, wird kaum bis gar nicht entwickelt. Wem das stupide Pauken nicht liegt, verliert schnell den Anschluss. Das Schulsystem liefert den Ausbildungsbetrieben junge Menschen zu, die während der Ausbildung systematisch nachqualifiziert werden müssen. Auch in anderen Bereichen zeigen sich Handlungsbedarfe:

Die Zeitspanne, in der sich die Aufmerksamkeit einer Person voll auf eine Sache konzentriert, die **Aufmerksamkeitsspanne**, ist bei vielen Auszubildenden stark reduziert. Das hat Auswirkungen auf die Fähigkeit, sich mit einer einzigen Sache zu beschäftigen und dabei alle störenden Gedanken und Einflüsse auszublenden.

Interesse (aus dem lateinischen „dabei sein") **steuert die Wahrnehmung** – im Umkehrschluss wird Interessantes eher wahrgenommen.

Daraus folgt die Herausforderung für den Ausbilder: Die dargebotenen Lerninhalte müssen so aufbereitet werden, dass sie die Aufmerksamkeit des Azubis binden und ihm **einen direkten, praktischen Nutzen** anbieten. Daneben sollen sie den

Aufforderungscharakter haben „dran zu bleiben". Menschen, die ganz in einer Sache aufgehen, befinden sich im „flow". Dies ist „…das als beglückend erlebte Gefühl eines mentalen Zustandes völliger Vertiefung und restlosen Aufgehens in einer Tätigkeit („Absorption"), die wie von selbst vor sich geht…"[1]

Eintönigkeit und Langeweile sind Gift für den „flow". **Praxisbezug und der sinnvolle Wechsel von Unterrichtsmethoden und -medien** (Methodenmix) sind der Nährboden, auf dem Freude am Lernen entstehen kann.

Die Zeiten, in denen der Azubi für sich allein lernt, sind anfällig für Versagen und Frust.

Ursachen hierfür sind meist eine fehlende Lernstrategie, Lernorganisation und daraus resultierende Demotivation.

Die folgenden Anregungen können hier helfen:

Sich selbst zum Lernen motivieren:

Mit **Spaß und Freude** lernt es sich leichter. Das gelingt in einem motivierenden und zwanglosen Umfeld am besten. Immer mehr, vor allem junge Menschen, lernen mit Musik im Hintergrund.

Untersuchungen haben gezeigt, dass unser Gehirn in einem entspannten Zustand besser lernt. Angenehme Klänge ohne ablenkenden Text und in geringer Lautstärke regen die Hirnaktivität an, verbessern die Konzentration und die Merkleistung. Am besten eignet sich dafür klassische Musik, besonders Mozart. Der ist bei den meisten jungen Leuten eher verpönt; es tut auch entsprechende Popmusik ihre Wirkung. Welche Musik sich zum entspannten Lernen eignet, „erfährt" der Azubi selbst am besten.

Lachen energetisiert und fördert die Aufmerksamkeit. Lachen führt zur Ausschüttung von Glückshormonen (Endorphine) und erhöht die Leistungsbereitschaft unseres Gehirns.

---

[1] *Quelle: Wikipedia*

Positive Gedanken und Gefühle erleichtern das Lernen.

Was aber tun, wenn uns nicht zum Lachen zumute ist? Die Trainerin und Autorin Vera F. Birkenbihl hat eine einfache Methode zur Stimmungsaufhellung parat: Schauen Sie sich mindestens 30 Sekunden im Spiegel an, und ziehen Sie dabei eine Grimasse. Sie werden nicht anders können, als nach kurzer Zeit in Heiterkeit auszubrechen.

Wem das nicht gefällt, der kann sich im Internet ein oder zwei lustige kleine Videos auf einer Streaming-Plattform ansehen, um schnell in gute Laune zu kommen.

Der Lernort sollte möglichst hell und von Tageslicht durchflutet sein.-Das natürliche Tageslicht regt in unserem Hirnstoffwechsel die Produktion von Serotonin an. Das ist ein Botenstoff, der für Wohlbefinden, Aktivität und Aufnahmefähigkeit zuständig ist. In der dunklen Jahreszeit, wenn die Sonneneinstrahlung massiv zurückgeht, fehlt vielen Menschen dieser Botenstoff. Missstimmungen, Antriebslosigkeit, Leistungsabfall oder auch depressive Verstimmungen sind dann keine Seltenheit. Die Benutzung einer **Tageslichtlampe** kann diesen Symptomen schnell und leicht entgegenwirken. Tageslichtlampen, die ihre Wirkung voll entfalten, haben mindestens 10.000 Lumen.

Manche Lerneinheiten sind nicht an den Schreibtisch „gebunden". Ein **Lernspaziergang** in der freien Natur versorgt unser Gehirn mit einer positiven Grundstimmung und jeder Menge Licht und frischem Sauerstoff.

Viele Lerninhalte sind als **Audiodateien** erhältlich. Nichts spricht dagegen, im Zug, Auto, beim Spazieren, ja sogar im Fitnesscenter auf dem Cross-Trainer, **hörend zu lernen**.

Angenehme Rituale (regelmäßige Verrichtungen und Zeiten) werden mit dem Lernen verbunden und helfen, Widerstände und Aufschieben zu vermeiden.

Einen **Powernap** einlegen. Unsere Großeltern haben dazu „Nickerchen" gesagt. Damit meinten sie in der Regel den halbstündigen Mittagsschlaf, um wieder aufzutanken. Untersuchungen zum menschlichen **Biorhythmus** zeigen, dass die **Leistungskurve** in der Mittagszeit drastisch abfällt. Mit einem maximal halbstündigen Mittagsschlaf lässt sich dieser Effekt zu 100% ausgleichen. Die Tagesmüdigkeit beschränkt sich jedoch nicht nur auf die Stunden um die Mittagszeit herum, da unser Biorhythmus auch von unseren Wach- und Schlafgewohnheiten abhängig ist. Der Powernap kann jederzeit, wenn geistige Erschöpfung eintritt, „genommen" werden. Powernapping im Liegen sollte vermieden werden, eine entspannte Sitzposition, gerne auch mit dem Kopf auf den Unterarmen vorgebeugt sitzend ist völlig ausreichend für eine Erholungspause.

Ferner ist zu beachten, dass 20-30 Minuten nicht überschritten werden. Der Timer des Smartphones kann dafür als Wecker benutzt werden.

Mentaltraining-Apps für Smartphones haben Hochkonjunktur. Der Anwender kann damit seine Konzentration steigern, Autogenes Training oder Meditieren lernen oder sich über geführte Suggestionen beruhigen, entspannen, erfrischen, ermutigen usw.

Beim selbstgesteuerten Lernen soll der Azubi

- sein Mobiltelefon lautlos stellen oder ganz abschalten
- sich in eine störungs- und ablenkungsfreie Umgebung begeben

- sich vom Fernster abwenden, um das Abschweifen des Blicks nach außen zu verhindern
- sein Lernziel schriftlich, so konkret wie möglich, formulieren
- Lernziele in „Arbeitspakete" aufteilen, die in der Lernzeit zu bewältigen sind
- seine Lernzeit konkret festlegen. Wer sich angewöhnt hat, immer zur selben Zeit zu lernen, kommt in einen stabilen Rhythmus
- sich eine Belohnung für den Erfolg der Lerneinheit versprechen und sich nach erfolgreicher Lerneinheit ausdrücklich selbst loben
- Störende Gedanken, die ins abschweifen bringen durch ein(en) Befehl an sich selbst, „Geh weg!", unterdrücken
- Pausenzeiten einplanen, dabei 10minütige **Pausenzeiten nicht überschreiten**
- Pausensnacks und Getränke griffbereit am Lernplatz halten, damit man nicht aufstehen muss
- möglichst energiereiche Snacks wie **Obst oder Müsliriegel bereitlegen**; keine Energydrinks oder zuckerhaltigen Lebensmittel
- während der Pausen für **Frischluft** und Bewegung sorgen (Recken und Strecken, Ausschütteln der Glieder)
- Schreibmaterial bereitlegen
- sich vor Beginn und während der Lerneinheit immer wieder verdeutlichen: „Dafür ist diese Lerneinheit notwendig, darum macht dieses Wissen Sinn, mit dieser Lerneinheit erreiche ich das folgende Ziel:"
- je nach Komplexität des Lernziels eine **To-do-Liste** erstellen, den Lernstoff in Abschnitte aufteilen und die Lernabschnitte priorisieren
- beim Bearbeiten von Texten **Textmarker und Symbole** benutzen. Seine Merkleistung kann der Azubi auch dadurch

steigern, indem er die zu lernenden Inhalte abschreibt und gleichzeitig mitspricht.

Die Verwendung von **Mindmaps** hilft beim Strukturieren und Priorisieren von Lerninhalten. Eine Mindmap ist ein Ausdruck bildhaften Denkens und damit eine natürliche Funktion des menschlichen Gehirns. Sie stellt eine Visualisierungstechnik die Erschließung unser Gehirn- und Gedächtnispotenzial verbessert.

Mindmaps sind in jedem Lebensbereich anwendbar, in dem verbessertes Lernen und klareres Denken die geistige Leistung optimieren soll. Die Mindmap weist vier grundlegende Eigenschaften auf:

- Der Gegenstand der Aufmerksamkeit kristallisiert sich in einem Zentralbild.
- Die Hauptthemen des Gegenstands strahlen vom Zentralbild wie Äste aus.
- Die Äste enthalten Schlüsselbilder oder Schlüsselworte, die auf einer mit dem Zentralbild verbundenen Linie in Druckbuchstaben geschrieben werden. Themen von untergeordneter Bedeutung werden als Zweige, Themen, die mit höheren Niveaus verbunden sind, als Äste dargestellt.
- Die Äste bilden ein Gefüge miteinander verbundener Knotenpunkte.

Man kann Mindmaps durch Farben, Bilder, Codes und Mehrdimensionalität intensivieren und interessanter, ansprechender und individueller gestalten. Dies wiederum fördert die Kreativität, das Gedächtnis und speziell das Abrufen gespeicherter Informationen.

Und weiter soll der Azubi

- sich für die Internetrecherche professionelle Suchstrategien aneignen (dazu kann z. B. der Ausbilder ein entsprechendes Kursangebot organisieren)
- bei Recherchen im Internet Popups unterdrücken, um Ablenkungen zu vermeiden und interessanten, jedoch nicht zielführenden Links keine Beachtung schenken

- die Internetrecherche mit konkreten Fragen beginnen: „Wonach genau suche ich?" und während der Internetrecherche Kontrollfragen stellen: „Habe ich mein Rechercheziel noch im Fokus?"
- für das Ablegen von Lerninhalten im Langzeitgedächtnis Wiederholungsintervalle einplanen

Wiederholen ist Arbeiten gegen das Vergessen

- mitgesprochene Formeln, Vokabeln und Definitionen mit dem Smartphone aufnehmen und sich die Audiodateien zur Wiederholung vorspielen
- erfolgreiche Lerneinheiten in einem Lerntagebuch festhalten. Hierdurch wird für den Azubi sein Kompetenzzuwachs sichtbar gemacht: „Das weiß ich jetzt, dazu bin ich jetzt in der Lage"
- jemand anderem mitteilen, dass er gelernt hat und was die wesentlichen Lerninhalte waren
- sich abhören lassen erleichtert gerade dem verbalen Lerntyp das Speichern von Inhalten

Aufmerksamkeitsschwäche

Flüchtiges Arbeiten ist schlimmer als Sklaverei.

Quelle unbekannt

Ich spreche hier **nicht** vom klinischen Bild des Aufmerksamkeitsdefizit Syndrom (ADS) oder Aufmerksamkeitsdefizit Hyperaktivität Syndrom (ADHS), denn schwankende Aufmerksamkeit ist ein ganz normales Phänomen unseres dynamischen Gehirns.

Worauf Sie als Ausbilder achten sollten, sind Auffälligkeiten bei ihren Azubis, die auf eine Schwächung der Aufmerksamkeit hindeuten. Ob und wie weit in diesen Fällen Handlungsbedarf besteht, liegt in Ihrem Ermessen.

Im Folgenden einige Hinweise:

Ihr Azubi

- verzettelt sich in Kleinigkeiten, ist fahrig und kann sich Details schlecht merken
- ist leicht ablenkbar und lässt sich gerne ablenken
- hat eine geringe Stressresistenz und neigt zu Wutausbrüchen
- wirkt fahrig, rastlos und Tag träumend (häufig leerer Blick)
- verliert und verlegt oftmals Gegenstände
- wirkt flatterhaft, ist leicht begeisterungsfähig, jedoch nicht langanhaltend
- unterliegt anlasslosen Stimmungsschwankungen, auch Reizbarkeit
- zeigt willkürliche Bewegungen von Händen und Füßen (Zappelphilipp)

Wie Sie als Ausbilder hier einwirken können, lesen Sie im Kapitel ***Aufmerksamkeit, Motivation, Konzentration.***

Aufträge erteilen

Die Autorität, einen Auftrag zu erteilen, beinhaltet die Verantwortung, darauf zu achten, dass der Auftrag ausgeführt wird.

Henry Laurence Gantt

Einen Auftrag zu erteilen bedeutet, den Azubi dazu aufzufordern, eine bestimmte Handlung auszuführen. Die Qualität der ausgeführten Handlung durch den Azubi hängt stark von der Präzision ab, mit welcher der Auftrag erteilt worden ist. Hier ist die Unmissverständlichkeit in der Auftragserteilung zwingend geboten. Ausbildung bedeutet, dass sich der Ausbilder zunächst klar macht, was genau der Azubi tun soll.

- Die Klarheit der Anforderung entscheidet über die Qualität der Ausführung.
- In der Hattie Studie[2] wird in diesem Zusammenhang von „Teacher Clarity" gesprochen.
- Der Azubi muss genau verstehen, was der Ausbilder von ihm erwartet.

Dabei sind Präzision in der Auftragserteilung und Kontrolle des Verständnisses (Verständnischeck) nötig.

Ein bewährtes und einfaches Hilfsmittel zum Verständnischeck ist die **SMART Formel**. Dieses Hilfsmittel wird in der Regel zur Zielformulierung verwendet, eignet sich aber genauso gut hervorragend für die Auftragserteilung. Jeder Buchstabe der SMART Formel steht für ein Kriterium, mit dem der Auftrag beschrieben wird.

Spezifisch	Ein Auftrag muss eindeutig und präzise definiert sein. Beispiel: "Gehe in das Gefängnis. Begib Dich direkt dorthin. Gehe nicht über Los. Ziehe nicht € 200,- ein"[3]

---

[2] Vgl. Klaus Zierer: „Hattie für gestresste Lehrer". Kernbotschaften und Handlungsempfehlungen aus John Hatties „Visible Learning" und „Visible Learning for Teachers", 2014

[3] Auftragskarte aus dem MONOPOLY© Spiel.

Messbar	Das Ergebnis des Auftrags muss messbar sein (Woran genau erkenne ich die Erledigung und dessen Erreichungsgrad?).
Attraktiv	Der Auftragnehmer muss den Auftrag als sinnvoll und das Ziel / Ergebnis als erstrebenswert erkennen, sonst besteht die Gefahr, dass er den Auftrag nicht akzeptiert oder dieser unvollständig ausgeführt wird.
Realistisch	Der Auftragnehmer muss in der Lage sein, den Auftrag auszuführen, ohne dass dabei eine Überforderung auftritt.
Terminierbar	Jeder Auftrag benötigt eine klare Terminvorgabe oder Terminfrist, bis wann er umgesetzt sein muss.

Bei jeder Auftragserteilung empfehle ich dem Ausbilder, einen sogenannten Verständnischeck durchzuführen. Der Ausbilder lässt sich dabei vom Azubi mit dessen eigenen Worten wiederholen, was dieser **wie** und bis **wann** zu tun hat. Das mag für beide Seiten am Anfang vielleicht etwas mühsam erscheinen. Der Vorteil liegt jedoch eindeutig darin, dass Missverständnisse und Fehlleistungen des Azubis minimiert werden.

Je geringer die Fachkompetenz und Erfahrung des Azubis sind, umso konsequenter muss die SMART Formel vom Ausbilder angewendet werden. Zunehmend wird der Azubi, gerade bei wiederkehrenden Aufgaben, Routine erlangen. Es genügt dann im Regelfall eine Anweisung wie zum Beispiel:

„Leon, erledigen und kontrollieren Sie bitte heute Vormittag bis 12.30 Uhr die Warenannahme und zeichnen Sie die Wareneingangsbelege eigenverantwortlich ab". Der Verständnischeck ist in diesem Fall überflüssig, weil die Aussage sehr präzise den Auftrag beschreibt.

Auswertungsgespräche führen

Die Praxis sollte das Ergebnis des Nachdenkens sein, nicht umgekehrt.

Hermann Hesse

Auswertungsgespräche sind ein systematischer Austausch über die Vorgehensweise, bei einer komplexen Aufgabe und den dabei gewonnenen Erfahrungen. Neben der praktisch-technischen Umsetzung wird dabei auch die Qualität der Zusammenarbeit aller Beteiligten analysiert.

Das Auswertungsgespräch dient der kontinuierlichen Verbesserung der Ergebnisse und der Zusammenarbeit und befördert das aktive Lernen von Menschen und Organisationen. Dabei werden Erfolgstreiber identifiziert, ebenso wie erfolgskritische Faktoren.

Auswertungsgespräche sind **keine** Feedbackgespräche, da Feedbacks sich auf zeitnahe Vorgänge in Verhalten und Leistung beziehen.

Am Auswertungsgespräch sind der / die Azubis und der Ausbilder beteiligt.

Im streng formalen Ablauf widmet sich das Auswertungsgespräch den folgenden vier Fragen:

- Was war die Aufgabe?
- Was ist das Ergebnis?
- Was hat das Ergebnis beeinflusst?
- Welche Lehren / Konsequenzen ziehen wir daraus?

Auswertungsgespräche gelingen dann, wenn die Beteiligten bei den Auswertungsrunden respektvoll und konstruktiv miteinander umgehen. Unzulängliche Ergebnisse, die auf Minderleistungen oder Fehler von Beteiligten zurückzuführen sind, dürfen nicht zu Schuldzuweisungen führen. Die Haltung „Fehler kommen vor und sind erlaubt", bewirkt, dass die Motivation und Bereitschaft zu kritischer

Selbstreflektion steigt und sich eine Kultur des Besserwerden-Wollens entwickelt.

Lernbereitschaft und die Fähigkeit zur Selbstkritik sind Teile der Schlüsselqualifikation „Persönlichkeitskompetenz", zu denen Auswertungsgespräche wertvolle Beiträge liefern können.

So bieten sich zum Beispiel Auswertungsgespräche als letzte Stufe des Handlungskreislaufs an, um Lernaufträge, Leittextaufgaben oder Projekte abzuschließen.

Beispielhaft können die Azubis einen „Tag der offenen Tür" organisieren. Azubis aller Ausbildungsjahre übernehmen dabei Aufgaben (im Rahmen ihrer bis dahin erworbene Kompetenzen). Ist der „Tag der offenen Tür" beendet, setzen sich alle Beteiligten in der Runde zusammen zum Auswertungsgespräch.

Die Moderation des Gesprächs kann der Ausbilder über die folgenden beispielhaften Fragen führen:

Ist die Aufgabe den Anforderungen gemäß erledigt?

- Wie seid ihr an die Aufgabe herangegangen?
- Was ist euch gut gelungen?
- Was ist schief gegangen und wie kam es dazu?
- Welche Fähigkeiten haben euch bei der Erledigung der Aufgabe geholfen?
- Wo hattet ihr Schwierigkeiten? Wo hättet ihr Hilfe gebraucht?
- Wer hätte helfen können?
- An welchen Punkten habt ihr Fehler gemacht?
- Was lernt ihr aus den Fehlern?
- Was würdet ihr beim nächsten Mal anders machen?
- Wie seid ihr mit den anderen Gruppenmitgliedern zurechtgekommen?
- Welche Fähigkeiten solltet ihr noch ausbauen oder fördern?

Auswertungsgespräche stärken die Fähigkeit zur kritischen Reflektion der eigenen Arbeit und der Zusammenarbeit. Es ist erstrebenswert, dass die Azubis in die Lage versetzt werden solche Gespräche eigenständig zu moderieren.

Auszubildende führen

Werte kann man nicht lehren, sondern nur vorleben.
Viktor Frankl

Menschen wollen Führung – Menschen benötigen Führung.

Immer dann,

- wenn sie in unvertraute Situationen kommen,
- wenn sie sich buchstäblich auf fremdem Terrain bewegen.

So weist der Lotse, der mit dem Schifffahrtsweg und seinen Gefahrenstellen vertraut ist, dem Kapitän des Tankers die Richtung. Der Bergführer führt seine Gruppe auf dem sichersten Weg zum Gipfel. Der Stadtführer macht den Touristen mit den wichtigsten Sehenswürdigkeiten bekannt. Das Navigationssystem in Ihrem Auto übernimmt für Sie die Routenführung, überwacht und korrigiert Abweichungen von der Zielführung: „Wenn möglich, bitte wenden."

Führen ist hier das Lenken des Verhaltens in eine gewünschte Richtung durch denjenigen, der führt.

Geführt werden muss derjenige, der noch nicht über die notwendige Verhaltenssicherheit verfügt. Eines der Ziele von Führung in der Ausbildung ist es, den Azubi dahin gehend zu befähigen, dass er in der Lage ist, sich in den unterschiedlichsten beruflichen Situationen selbst zu führen. Der Azubi verfügt dann über so genannte Selbstkompetenz.

Diese **Entwicklungsaufgabe** ist dem Ausbilder übertragen und eine von mehreren Rollen, die er ausfüllen soll.

Die **Führungsaufgabe** beginnt mit dem Eintritt des Azubis in den Ausbildungsbetrieb, am ersten Arbeitstag. Sie endet mit dem Bestehen der Abschlussprüfung und dem Ende des Ausbildungsverhältnisses.

Was der Azubi lernen soll - Kenntnisse, Fertigkeiten und Fähigkeiten - sind durch den individuellen Ausbildungsplan festgelegt und bilden eine formale, inhaltliche und zeitliche Struktur der Ausbildung. Sowohl der Ausbilder als auch der Azubi wissen, wann was vermittelt wird. Hier bewegen wir uns auf der Ebene des Wissens und Könnens, der Fachkompetenz.

Darüber hinaus ist unbedingt auf die Vermittlung der informellen Inhalte der Ausbildung zu achten. Damit ist die Fähigkeit des Auszubildenden gemeint, sich sicher und angemessen im betrieblichen Ablauf und im sozialen Umfeld des Unternehmens zu bewegen. Das ist die Ebene des Arbeits- und des Sozialverhaltens. Vom ersten Tag an ist es wichtig, dem Azubi Verhaltenssicherheit zu geben. Verhaltenssicher ist der Auszubildende dann, wenn er weiß, was von ihm erwartet wird und welches Verhalten in welcher Situation von ihm abgefordert wird. Wir unterscheiden in diesem Zusammenhang zwischen Muss-Verhalten, Soll-Verhalten und Kann-Verhalten.

Muss-Verhalten

ist geregelt und beschrieben durch die Betriebsordnung, deren Kenntnisnahme und Akzeptanz der Auszubildende mit seiner Unterschrift bestätigt. Es ist die Aufgabe des Ausbilders, den Auszubildenden mit der Betriebsordnung vertraut zu machen und ihn auf Konsequenzen bei der Übertretung von Vorgaben / Regeln hinzuweisen.

Auszug aus einer Betriebsordnung (Muster):

Die Arbeitnehmer müssen die Anweisungen des Arbeitgebers in Bezug auf die Gesundheitsvorsorge und die Arbeitssicherheit einhalten. Sie müssen die persönlichen Schutzausrüstungen (PSA) benutzen. Auf dem gesamten Werksgelände sind die durch Markierungen vorgezeichneten Wegführungen einzuhalten.

Es besteht Fotografier-Verbot in allen betrieblichen Einrichtungen.

Jeder Unfall muss unverzüglich angezeigt werden; jede Verletzung ist zu behandeln und zu dokumentieren.

Das Rauchen ist ausschließlich in den hierfür vorgesehenen Raucherzonen gestattet.

Die Arbeit beginnt und endet pünktlich am Arbeitsplatz.

Der Mitarbeiter-Ausweis ist immer und gut sichtbar an der Kleidung zu befestigen.

usw.

Weitere Muss-Anforderungen ergeben sich aus den Pflichten, welche im Berufsausbildungsvertrag ausdrücklich niedergelegt sind. Hierzu gehören beispielsweise folgende Pflichten:

- Lernpflicht,
- Pflicht, die Berufsschule zu besuchen,
- Pflicht, den Weisungen des Ausbilders und des Ausbildungsbeauftragten Folge zu leisten (Gehorsamspflicht).
- Pflicht, den Ausbildungsnachweis zu führen.

Es ist keineswegs selbstverständlich, dass dem Azubi all die vorgenannten Pflichten im Sinne der Muss-Anforderungen bekannt sind. Auch ist es nicht zielführend, dem Auszubildenden einen Ausdruck der Betriebsordnung und eine Kopie der Pflichten aus dem Berufsausbildungsvertrag auszuhändigen mit dem Auftrag „Lies das, und halte dich daran".

Die Einhaltung von **Regeln** hat eine größere Chance auf Erfolg, wenn:

- der tieferliegende Sinn und die Bedeutung der Regel für die Praxis ausführlich vermittelt werden,
- die Konsequenzen von Regelverstößen für alle Beteiligten aufgezeigt werden,
- Regelverstöße unmittelbar und konsequent angesprochen und geahndet werden,
- die wichtigsten Regeln durch stetiges Wiederholen nachhaltig in das Bewusstsein der Auszubildenden gebracht werden.

Wiederholen ist Arbeiten gegen das Vergessen und gleichzeitig ein Garant für die Verankerung des Wissens, Könnens und Verhaltens im Langzeitgedächtnis.

Unabhängig von der allgemein gültigen Betriebsordnung und den Pflichten aus dem Berufsausbildungsvertrag gibt es auch Anforderungen an das Muss-Verhalten, welche bereichsspezifisch definiert sind, zum Beispiel:

- Personalakten sind immer sicher vor der Einsicht durch unberechtigte Dritte zu verwahren.
- Bei jedem Verlassen des Büros sind Personalakten wegzuschließen.
- Vor jeder Durchsicht einer elektrischen Anlage ist diese komplett vom Strom zu nehmen.
- Jeder Besucher wird vom Empfang in der Fachabteilung angekündigt und gebeten, so lange zu warten, bis er von einem berechtigten Mitarbeiter abgeholt und begleitet wird.
- Ein- und Auszahlungen aus der Handkasse sind immer nach dem Vieraugenprinzip durchzuführen.
- usw.

Soll-Verhalten

Während das Muss-Verhalten keine Abweichungen von den Forderungen zulässt, verhält es sich anders beim Sollverhalten. Hier sind Verhaltens- bzw. Entscheidungsspielräume möglich.

Ein Beispiel: „Beim Verlassen des Arbeitsplatzes soll das Telefon auf einen anwesenden Kollegen umgestellt werden, der den Mitarbeiter in Abwesenheit vertritt."

Diese Regel ist unscharf, da sie nichts darüber aussagt, ab welcher Abwesenheitsdauer das Telefon umgeschaltet werden soll. Schon bei einem kurzen Gang zum Kopierer, zur Toilette oder erst zur Frühstückspause oder zur Abteilungsbesprechung?

Soll-Verhalten ist immer dann sinnvoll, wenn eine zu starke Reglementierung des Verhaltens bis in kleinste Abläufe die Flexibilität der Azubi und Prozesse negativ beeinträchtigen würde. Soll-Verhalten gibt einen Rahmen vor, innerhalb welchem der Azubi Entscheidungsfreiheit hat; je nachdem, wie er die Situation bewertet. So kann es sinnvoll sein, dass der Auftragssachbearbeiter im Innendienst an einem Montagvormittag für den Gang zur Toilette sein Telefon auf den Kollegen umleitet, da an einem solchen Tag ein hohes Aufkommen von telefonischen Auftragseingängen zu erwarten ist. Freitagnachmittags ist erfahrungsgemäß mit wenig eingehenden Anrufen zu rechnen; hier ist eine Anrufweiterleitung auf den Kollegen nicht zwingend notwendig und liegt daher im freien Ermessen des Mitarbeiters.

Der Ausbilder macht den Azubi mit den Bedingungen des Soll-Verhaltens vertraut und bietet sich als Ansprechpartner an, wenn dieser sich unsicher fühlt.

Der Azubi kann anfänglich Fehler machen, was das Soll-Verhalten betrifft. Das liegt in der Natur der Sache, solange er noch nicht über genügend Erfahrungen verfügt und solange er sich unsicher fühlt in der Grauzone des „so soll es sein, muss aber nicht".

Hier hat der Ausbilder die Aufgabe, den Auszubildenden entsprechend anzuleiten und zu begleiten, bis dieser in der Lage ist, in allen möglichen Soll-Situationen sichere Entscheidungen zu treffen und diese auch zu verantworten.

Ein wichtiges Signal, welches der Ausbilder seinem Auszubildenden in diesem Zusammenhang geben kann, ist:

„Du darfst Fehler machen, lerne aus ihnen."

Kann-Verhalten

In diesem Bereich verfügt der Azubi über die volle Entscheidungsfreiheit seines Verhaltens. Der Azubi kann zum Beispiel

- seine Mittagspause einzunehmen, wo er will.

- an Veranstaltungen des betrieblichen Gesundheitsmanagements während der Arbeitszeit teilnehmen, muss dies aber nicht tun
- wenn die Rahmenbedingungen dies zulassen, seine Aufgaben an unterschiedlichen Orten des Unternehmens erledigen. Ein Azubi, dessen Aufgabe es ist, eine Excel Tabelle anzulegen, kann sich mit dem Unternehmenslaptop in einen Besprechungsraum oder in eine Ruhezone begeben, um konzentrierter arbeiten zu können. Er soll in diesem Fall aber Bescheid geben, wo er sich in der Zeit seiner Abwesenheit aufhält.

Zusammengefasst:

Muss-Verhalten ist zwingend und ausnahmslos umzusetzen.

Soll-Verhalten gestattet situative Entscheidungsspielräume.

Kann-Verhalten lässt Freiräume.

Der Ausbilder muss während der gesamten Ausbildungszeit immer wieder hinterfragen und zum Azubi kommunizieren, in welchem Ausbildungsabschnitt und in welcher Situation welches Verhalten erwartet wird.

Autorität und Respekt

Autorität wird nicht verliehen, sie ist ein Verdienst
Franz Schmidberger

„Autorität ist im weitesten Sinne das Ansehen, das einer Institution oder Person zugeschrieben wird und bewirken kann, dass sich andere Menschen in ihrem Denken und Handeln nach ihr richten. Sie entsteht in gesellschaftlichen Prozessen oder durch vorausgehende Erfahrungen."[4]

Folgen wir dieser Definition, so bedeutet das:

Autorität und Respekt werden nicht angeboren. Sie können auch nicht verliehen werden. Autorität und Respekt werden über die persönliche Haltung und das daraus resultierende Verhalten erworben.

Vielmehr kann man daraus schließen, dass autoritäres Verhalten aus persönlicher Unsicherheit und mangelndem Vertrauen entspringt.

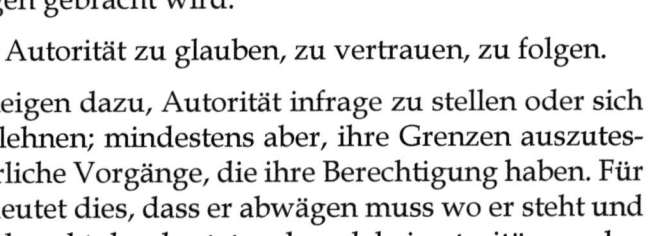

Natürliche Autorität kann auf autoritäres Verhalten verzichten.

Respekt ist die Wertschätzung, die einer „Autorität„ entgegen gebracht wird.

Man ist bereit, der Autorität zu glauben, zu vertrauen, zu folgen.

Junge Menschen neigen dazu, Autorität infrage zu stellen oder sich gegen diese aufzulehnen; mindestens aber, ihre Grenzen auszutesten. Das sind natürliche Vorgänge, die ihre Berechtigung haben. Für den Ausbilder bedeutet dies, dass er abwägen muss wo er steht und wie er seinen Standpunkt durchsetzt – ohne dabei autoritär werden zu müssen.

---

[4] *Quelle: Wikipedia*

Hier kommt die **„Innere Haltung"** ins Spiel, denn sie ist der Schlüsselfaktor beim Entstehen von Autorität. Die innere Haltung bildet sich aus den folgenden gelebten Grundsätzen (Verhaltensdispositionen):

Ich respektiere mich selbst.	Ich nehme mich selbst ernst.
	Ich achte auf meine Wünsche und meine Bedürfnisse. Ich sorge gut für mich.
Ich verhalte mich selbstbewusst.	Ich weiß, was ich kann. Ich weiß, was ich will und ich kenne meine Ziele.
	Ich weiß, wer ich bin: Ich kenne meine Fähigkeiten und kenne meine Grenzen
	Ich akzeptiere mich selbst im Rahmen der stabilen Struktur meiner Persönlichkeit. Ich bin mit mir selbst im Reinen...
Ich kenne meine Möglichkeiten und nutze sie.	Ich schöpfe meinen Handlungsspielraum voll aus.
Ich übernehme Verantwortung; ergreife die Initiative und handle konsequent.	Ich treffe Entscheidungen und lege hierfür Rechenschaft ab.
	Ich handle zielstrebig und bringe meine Handlungen zu einem sinnvollen Abschluss.
Ich mische mich ein (fühle mich für das Ganze mit verantwortlich).	Ich nehme Handlungsbedarf wahr und greife ein, auch wenn ich nicht direkt verantwortlich bin.
	Ich handle couragiert und getragen von meinen Überzeugungen.

Ich begegne meiner Umwelt und meinen Mitmenschen mit Achtung und Respekt.	Ich achte die Andersartigkeit meiner Mitmenschen. Ich respektiere deren Ansichten und wahre deren Grenzen.
	Ich bedenke die Konsequenzen meiner Handlungen und übernehme hierfür die Verantwortung.
Ich bin verlässlich.	Ich halte gegebene Zusagen ein.

Alle genannten Eigenschaften sind charakterbildend und zählen zur Schlüsselqualifikation „Persönlichkeitskompetenz". Und diese ist der Ausbilder aufgerufen, bei seinen Azubis zu entwickeln; sie damit zu charakterstarken Menschen zu formen, deren Handeln von Haltung, Selbstbewusstsein und natürlicher Autorität getragen wird.

Benimmregeln

Es gibt aber Dinge, die tut man einfach nicht

Hans Merkle

Auf dem Parkett der Geschäfts- und Berufswelt geht es anders zu als im Privatleben.

Eine zügige und harmonische Anpassung an die betrieblichen Gepflogenheiten verhindert Missgeschicke. Denn Regeln und Spielregeln der Business-Etikette sind leicht verletzt. Angerichteter Image-Verlust oder gar Schaden durch Fehlverhalten im Kundenkontakt oder gegen die Unternehmenskultur sind schwer wieder gut zu machen.

Gerade in der beruflichen Erstausbildung müssen wir häufig die Erfahrung machen, dass sogar grundlegende „klassische Umgangsformen" bei den Auszubildenden lückenhaft oder gar nicht angelegt sind. Hier tut sich ein Lernbedarf im Sozialverhalten auf, dem der Arbeitgeber mit Anpassungsqualifikationen in sozial-kultureller Kompetenz begegnen kann.

Basis für angemessenes Verhalten im sozialen Verband sind Kulturtechniken. Darunter verstehe ich Formen und Formeln des allgemein üblichen und wertschätzenden Umganges miteinander. Das mag verstaubt und nach „old School" klingen, ist aber ein sicherer Lotse in einer Gesellschaft ohne Regeln. In der jeder alles tun und lassen darf, solange es nicht strafbewehrt ist. Zu den unerlässlichen Kulturtechniken zähle ich:

- Das Beherrschen unserer Sprache in Wort und Schrift.
- Das Grüßen mit Blickkontakt und Lächeln.
- Anstellen am Ende von Schlangen.
- Älteren Menschen den Vortritt lassen.
- Den Gebrauch von Messer und Gabel bei Tisch, wobei die Gabel und der Löffel zum Mund geführt werden und nicht umgekehrt.

- Kauen mit geschlossenem Mund.
- Benutzen der Serviette.
- Gedämpfte Lautstärke in der Unterhaltung, um andere nicht zu stören.
- Warten, bis man aufgefordert wird zu sprechen.

um hier nur einige zu nennen[5]

Mit dieser Aufzählung ist die Vermittlung von Kulturtechniken nicht abgeschlossen. Im Betrieb geht es für den Auszubildenden darum, sich zusätzlich die spezifischen Verhaltensweisen der vorherrschenden Unternehmenskultur anzueignen.

Neben den Klassikern wie Pünktlichkeit, Kollegialität, Hilfsbereitschaft und Fleiß geht es um die Fragen:

- Wie begegnet man sich innerhalb des Unternehmens?
- Was sind Dos & Donts im Kollegenkreis?
- Welches Erscheinungsbild wird von mir erwartet (Dresscode)?

Wie verhalte ich mich in der schriftlichen und mündlichen Kommunikation, in der persönlichen Begegnung mit Vorgesetzten, Kollegen, Kunden und Lieferanten? Wie gehe ich um mit dem nicht-fachlichen Personal wie z.B. Reinigungsdienst, Hausmeister, Küchenbedienstete etc.?

Für den Ausbilder macht es Sinn, eine Zusammenstellung von Verhaltensstandards zu entwickeln, die für den Azubi eine Richtschnur sind; besonders in den ersten Monaten der Ausbildung. Diese Richtschnur macht es möglich, sich in kurzer Zeit in die allgemeinen Gepflogenheiten der jeweiligen Unternehmenskultur einzufinden und diese bereitwillig zu übernehmen. Denn Wissen und Sinnvermittlung führen zu Einsicht und zum freiwilligen Tun in Form der Selbstverpflichtung.

---

[5] *Vertiefende Lektüre zu Benimmregeln finden Sie bei: Hanisch, Horst: Knigge für Beruf und Karriere*

Einige Anregungen, aus denen sich Verhaltensrichtlinien ableiten lassen:

- Diese Werte und Überzeugungen teilen wir im Unternehmen:
- Das ist konkretes werteorientiertes Verhalten in der Arbeitspraxis:
- So führen wir unsere Mitarbeiter:
- So sollen sich unsere Mitarbeiter selbst führen:
- Dort sehen wir Grenzen von Verhaltensspielräumen:
- Dieses Verhalten wird nicht geduldet / akzeptiert:

Beziehung aufbauen

„Alle menschlichen Verfehlungen sind das Ergebnis eines Mangels an Liebe."

Alfred Adler

Zu den wichtigsten Grundbedürfnissen des Menschen gehören

- das Gefühl, gesehen zu werden,
- das Wissen darum, gebraucht zu werden,
- für andere Menschen wichtig zu sein,
- zu einer Gemeinschaft dazuzugehören,
- für andere wichtige Beiträge zu leisten,
- gemocht zu werden,
- etwas wert zu sein.

Gerade der junge Mensch ist noch auf der Suche nach seinem Platz in der Welt, nach Erfahrungen, die sein Wissen über sich selbst bestärken (Selbst – bewusst – sein) und vor allem nach Gelegenheiten und Erlebnissen, die ihm das Gefühl des Erfolgs vermitteln.

Übersetzt man das obige Zitat des Psychologen Alfred Adler auf die Aufgabe der Ausbildung und die Haltung des Ausbilders, so soll der Ausbilder dem Auszubildenden das Gefühl vermitteln:

- Ich sehe dich.
- Ich bin an dir interessiert.
- Du bist mir nicht gleichgültig.
- Ich achte auf dich.
- Ich kümmere mich um dich.
- Ich traue dir etwas zu.
- Ich unterstütze dich.
- Du wirst gebraucht.
- Du würdest mir/uns fehlen.

- Du bist wichtig.
- Ich nehme dich ernst.
- Du gehörst dazu.
- Du bist Teil eines Ganzen.
- Ich erkenne etwas in dir.
- Hier ist dein Platz.

Die stärkste Motivationsdroge für junge Menschen ist der andere Mensch.[6]

In diesem Zusammenhang hat das Herstellen von „Beziehung" nichts mit „Liebe" zu tun; Beziehung ist das Verhältnis zwischen zwei oder mehreren Menschen. In der Ausbildung soll die Beziehung getragen sein vom Respekt und der Achtung, die dem Auszubildenden entgegengebracht wird; dafür, wer er ist und wer er sein kann.

Um den Auszubildenden richtig wahrzunehmen, sollte der Ausbilder regelmäßig sein Wissen über die ihm anvertrauten Auszubildenden überprüfen.

Die folgenden Fragen können dabei helfen:
- Was weiß ich über meinen Auszubildenden?
- Wie ist seine Lebenssituation?
- Was sind seine Interessen?
- Welche Merkmale prägen seinen Charakter?
- Was bewegt ihn?
- Was sind seine Motive?
- Was begeistert ihn?
- Was könnte hinter seinem Verhalten stecken?
- Was will er damit bezwecken?

---

[6] Zit. nach Bauer, Joachim: Das Prinzip Menschlichkeit. Warum wir von Natur aus kooperieren

- Wo sehe ich Potenzial?
- Was sind die Ursachen für seine Leistung?
- Wie begründet sich sein Fehlverhalten?
- Wo hat er Entwicklungsbedarfe?
- usw.

Neben der Vermittlung von Wissen und Können soll der Ausbilder dem Auszubildenden auch Gelegenheiten schaffen, in denen er sich beweisen kann, die ihn herausfordern, an denen er wachsen kann. Mancher Auszubildende überschätzt seine Leistungsfähigkeit, denn in der Vorstellungskraft geht vieles leichter, als im wirklichen Leben / Tun. Andere Auszubildende unterschätzen ihre Möglichkeiten. Dies äußert sich zum Beispiel in Zögerlichkeit, Zurückhaltung, Unsicherheit, Ängstlichkeit, Vermeidung der Übernahme von Verantwortung, häufiges Nachfragen, ob er auf dem richtigen Weg ist usw.

Die Aufgabe des Ausbilders ist also

Die Stärkung des Selbstbewusstseins des Auszubildenden durch Ermächtigen:

Klare Auftragserteilung im Sinne von Aufgaben, Kompetenzen und Verantwortung.

Siehe hierzu auch SMART Formel

- Im Rahmen dieses Auftrages ist dir gestattet...
- In eigener Regie planst du und führst du aus...
- Du darfst auf die folgenden Ressourcen zugreifen...
- ...steht dir zur freien Verwendung
- ...liegt ganz in deiner Hand

Bei Fragen und Problemen, die du nicht selbst bewältigen kannst, wende dich an mich, oder...

Ermöglichen:

Herstellen der Rahmenbedingungen für die Übernahme und Akzeptanz der Verantwortung durch den Auszubildenden. Auch die Übertragung eindeutiger Kompetenzen an den Azubi.

Ertüchtigen:

Herstellen der (noch) benötigten Qualifikationen des Auszubildenden.

Hierdurch soll sichergestellt werden, dass der Auszubildende die ihm übertragene Aufgabe auch vollständig erledigen kann und ein Scheitern vermieden wird.

Ermutigen:

Der Ausbilder gibt in der Ermutigung dem Auszubildenden zu verstehen, dass er ihm die Lösung der Aufgabe oder des Problems zutraut. Ermutigung ist Stärkung, Begleitung und „Begleitschutz" (vor allem bei Fehlern und Unsicherheiten) beim Hineinwachsen in die Verantwortung. Ermutigung soll Hemmschwellen überwinden, Selbstzweifel und Angst vor dem Scheitern abbauen.

Signale der Ermutigung:

- Du kannst das!
- Ich traue dir das zu!
- Trau dich!
- Nur Mut!
- Hab etwas Geduld mit dir.
- Nimm dir Zeit...
- Ich sehe in dir...
- Deine Stärken/Fähigkeiten sind...
- Keine Angst!
- Probiere es aus!
- Das schaffst Du!

- Gib dir einen Ruck!
- usw.

Erfolg macht süchtig, will heißen: Das was ich einmal geschafft habe, schaffe ich immer wieder, und ich traue mir zu, dass ich noch mehr kann; jetzt will ich es wissen! Hier haben wir ein Beispiel für die sogenannte intrinsische Motivation.

Das bedeutet, in der natürlichen Bedürfnisstruktur des Azubis ist das Streben nach Erfolgserlebnissen besonders ausgeprägt.

Diesen Effekt kann der Ausbilder noch weiter befördern, indem er verstärkende Impulse (Anerkennung und Lob) setzt. **Anerkennung und Lob sind für den Auszubildenden wichtig.** Sie bilden den Treibstoff für die Motivation. Anerkennung und Ermutigung sollen echt sein und nicht inflationär eingesetzt werden. Sie sollen sich auf eine konkrete Situation und ein konkretes Verhalten beziehen. Oftmals genügen einige wenige Worte, um beim Auszubildenden motivationale Energien freizusetzen. Das kann in einem extra anberaumten Feedback-Gespräch geschehen. Noch effektiver ist dies während des Ausbildungsgeschehens, einfach als beiläufige Bemerkung.

Einige Beispiele für Anerkennung & Lob:

- Das machst Du gut.
- Prima.
- Genau so!
- Das passt!
- Weiter so.
- Ja!
- Schön!
- Ich freue mich über…
- Das gelingt dir schon ganz gut…
- Gut mitgedacht…

- Das kannst/machst Du gut.
- Gute Überlegung.
- Guter Gedankengang.
- Gute Idee.
- Du wirst immer besser.
- Du lernst schnell.
- Damit kannst Du zufrieden sein!
- Das hilft!
- Danke!

Biorhythmus

Der Biorhythmus ist die Verteilung der körperlichen und geistigen Leistungsfähigkeit des Menschen über den Tag hinweg. Graphisch gesehen beschreibt der Biorhythmus eine Kurve, bei der die Leistungsbereitschaft zwischen 06.00 Uhr morgens und 22.00 Uhr abends am höchsten ist. Das absolute Hoch liegt dabei gegen 10.00 Uhr vormittags; daher sollten wichtige Lerninhalte, die ein hohes Konzentrationsniveau erfordern, am Vormittag vermittelt werden. Lerneinheiten nach der Mittagspause sind uneffektiv. Das hat zum einen damit zu tun, dass der Mensch biologisch auf eine Ruhephase während der Mittagszeit programmiert ist und zum anderen damit, dass durch die Nahrungsaufnahme am Mittag der Verdauungsapparat für seine Tätigkeit zusätzliches Blut benötigt, das dem Gehirn fehlt und dadurch eine Unterversorgung von Sauerstoff und Glukose eintritt. Der Organismus reagiert mit Müdigkeit. Am Nachmittag steigt die Leistungskurve etwas an; hier können Fertigkeiten vermittelt werden oder Wiederholungen von bereits Gelerntem stattfinden.

Azubis, die in den betrieblichen Tagesablauf eng eingebunden sind, können nicht immer nach dem theoretischen Optimum unterwiesen werden. Der Ausbilder sollte jedoch immer Möglichkeiten und Grenzen des sinnvollen Machbaren im Blick halten.

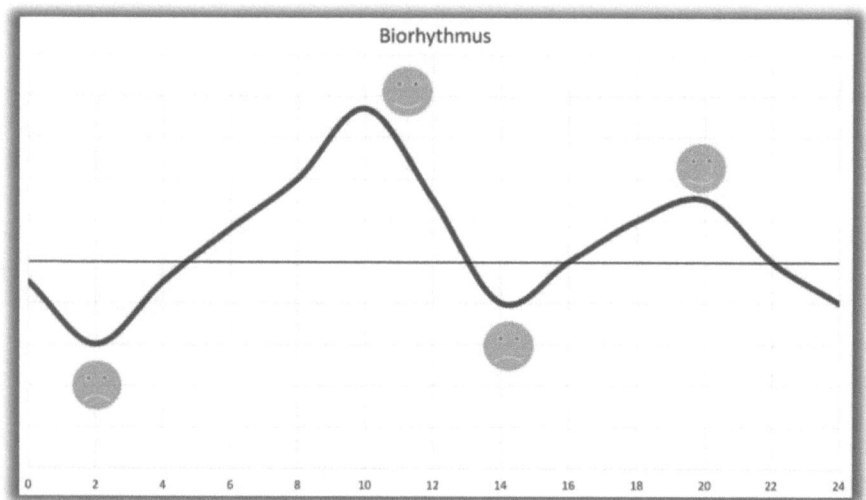

Da junge Menschen die Grenzen ihrer Belastbarkeit nicht immer realistisch einschätzen können, sollte der Ausbilder der vorzeitigen Ermüdung durch gezielte-Einplanung von Pausen entgegenwirken.

Azubis, die zu Hause lernen, sollten dies am Abend vor dem Einschlafen tun.

Forschungen haben ergeben, dass die Inhalte, mit denen sich der Mensch vor dem Einschlafen beschäftigt, vom Unterbewusstsein während des Schlafs verarbeitet und im Langzeitgedächtnis abgespeichert werden. Dies stützt die sogenannte Theorie vom „Lernen im Schlaf" und eignet sich besonders für Formeln, Vokabeln und Wissensinhalte, bei denen es um auswendig zu lernenden Stoff geht.

Didaktik

Ich höre und vergesse, ich sehe und behalte, ich tue und verstehe.
Konfuzius

Als Didaktik bezeichnet man die Lehre von der Gestaltung des Unterrichts. Ich spreche in diesem Zusammenhang gerne von der Architektur des Unterrichts. Der Architekt entwickelt einen Bauplan. Dabei muss er die unterschiedlichsten Rahmenbedingungen berücksichtigen, wie Statik, Materialbeschaffenheit, die sinnvolle Abfolge der einzelnen Gewerke, rechtliche Rahmenbedingungen usw.

Die Architektur des Unterrichts beinhaltet eine Reihe von Grundsätzen, **didaktische Prinzipien**, die Berücksichtigung finden sollen, wenn der Ausbilder sein Unterrichtsgeschehen zum Erfolg führen will. Zu diesen Prinzipien gehören:

Anschaulichkeit

Dieses Prinzip kommt insbesondere den Bedürfnissen des visuellen Lerntyps entgegen.

Es bedient sich konkreter Beispiele, Bilder, Diagramme, Vergleiche, Modelle; allem, worüber sich der Azubi „ein Bild machen" kann.

Anwendbarkeit, auch Praxisnähe

Hier erfolgt der Lernvorgang in der konkreten Anwendungssituation. Theoretisches Wissen wird nur dort benötigt, wo es unverzichtbar für die praktische Umsetzung ist.

Die Anwendung dieses Prinzips liefert dem Auszubildenden Sinn, in dem sie seine Frage beantwortet: „Wofür ist es gut, wozu benötige ich diese Kompetenzen, was bewirkt es in der Arbeitspraxis?" Lernen in der Arbeit (das LIDA-Prinzip der dm Drogeriemarkt-Kette), auch als „situatives Lernen" bekannt, folgt dem didaktischen Prinzip der Praxisnähe.

Das eigene Handeln am Arbeitsplatz, bei der praktischen Arbeit, durch Versuch und Irrtum, fördert Prozessdenken,

Problemlösungsfähigkeit und nicht zuletzt die Motivation: Lernen bei der Arbeit ermöglicht den Azubis die Erbringung einer Eigenleistung, befördert Zielorientierung, Selbstständigkeit und Selbstbewusstsein.

Es versteht sich wiederum von selbst, dass der Ausbilder die Lernaufträge so gestaltet, dass beim Auszubildenden weder eine Über- noch eine Unterforderung eintritt.

Selbstständige Arbeit, Aktivität

Selbermachen ist besser als nachmachen. In dem sich der Azubi mit einem Lerngegenstand aktiv auseinandersetzt, steuert er sein Lernen selbstständig. Dabei folgt er im Idealfall der Vorgehensweise im **Handlungskreislauf**.

Didaktische Reduktion

„Erkläre es mir, als wäre ich 7 Jahre alt"

Bei komplexen, auch abstrakten Sachverhalten stellt sich der Ausbilder die Frage:

Wie kann ich diese Inhalte so transportieren, dass sie für den Azubi eingängig und begreifbar sind? Die didaktische Reduktion führt einen Sachverhalt, ein Thema, auf seinen Kern zurück, ohne dabei die Inhalte zu verfälschen oder zu banalisieren.

So lässt sich zum Beispiel die neuronale Struktur des Gehirns mit einem Fischernetz vergleichen, bei dem jeder einzelne Knoten die Verbindung zu einer weiteren Nervenzelle darstellt.

Sendungen für Kinder wie „Löwenzahn", „Die Sendung mit der Maus", oder „Willi will`s wissen", „Wissen macht Ah!", „logo!" und andere Sendungen bedienen sich erfolgreich u.a. der didaktischen Reduktion.

Als **Beispiel** verwenden wir den „Kategorischen Imperativ" des Philosophen Immanuel Kant:

„Handle nur nach derjenigen Maxime, durch die du zugleich wollen kannst, dass sie ein allgemeines Gesetz werde."

In der didaktischen Reduktion:

"Was Du nicht willst das dir man tu, das füg auch keinem andern zu."

Lernen durch Lehren von Lernenden

Dieses Prinzip bedient sich der Lernpartnerschaften: Zwei oder mehr Auszubildende schließen sich zu Lerngruppen zusammen, die Methode ist hier Gruppenmitglieder lehren Gruppenmitglieder (GLGM). Neben der Vermittlung des Lernstoffs werden dabei Methoden-, Sozial- und Persönlichkeitskompetenz entwickelt.

Entwicklungsgemäßheit

Der individuelle Lern- und Ausbildungsstand des Azubis soll berücksichtigt werden, um Über- oder Unterforderung zu vermeiden.

Verknüpfung

Auf bereits vorhandenes Wissen wird Bezug genommen, „angeknüpft". Dabei wird das Anspruchsniveau des Lerninhalts kontinuierlich vom Leichten zum Schweren, vom Einfachen zum Komplexen, vom Allgemeinen zum Besonderen usw. gesteigert („Erweiterung des Horizonts").

Erfolgssicherung

Das Gelernte wird gegen das Verlernen abgesichert. Dazu eignet sich die ständige Überprüfung: „Was weiß der Auszubildende noch, was kann der Azubi noch?" durch den Ausbilder. Daneben die **Transfersicherung**, d.h. dass Übertragen und Anwenden des Gelernten in der Praxis, und zwar so lange, bis der Lerninhalt sich beim Auszubildenden „unvergesslich" verfestigt hat.

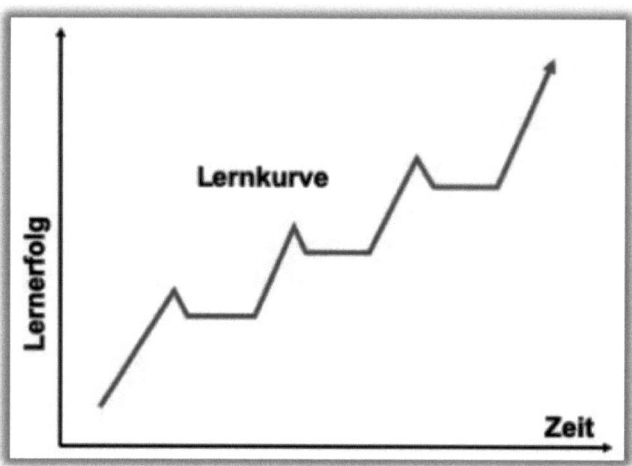

Aus der Lernkurve ist zu erkennen, dass nach jeder Lerneinheit ein Zeitfenster entsteht, in dem das Gelernte wiederholt werden muss, um sich dauerhaft zu verfestigen. Anschließend kann neuer Lernstoff bearbeitet werden.

Digital Natives

Wir leben in einer Welt, die in Daten ertrinkt. Wir haben die Wahl, ob wir sie weiterhin ignorieren und als großes Rauschen abtun oder ob wir sie nutzen wollen.

Jorn Lyseggen, Gründer und CEO von Meltwater

Haben sich die Digital Natives der Vorgängergeneration „Y" noch verhältnismäßig ausgewogen zur Digitalisierung verhalten, so ist dies bei der Generation Z völlig anders.

Der Ausbilder muss sich jetzt mit der Frage auseinandersetzen, wie er die Digitalisierung für die Vermittlung von Kenntnissen, Fertigkeiten und Fähigkeiten im Ausbildungsgeschehen nutzbar machen kann. Die Jugendlichen der Generation Z wachsen wie selbstverständlich in die digitalisierte Welt hinein und mit ihr mit.

Dies trifft nicht auf jeden Ausbilder zu Nicht jeder Ausbilder konnte bei diesem Entwicklungstempo mithalten; viele haben Schwierigkeiten, sich an das Tempo der Digitalisierung anzupassen bzw. die Digitalisierung selbst als Lebenswirklichkeit zu akzeptieren und deren Chancen zu begreifen.

In diesem Zusammenhang taucht der Begriff **Digitales Mindset** auf.

Er beschreibt eine Haltung, die von Aufgeschlossenheit gegenüber neuen Technologien und hoher Veränderungsgeschwindigkeit geprägt ist.

Digitales Mindset begreift den technologischen, sozialen und gesellschaftlichen Wandel als unabänderlich gegeben. Daraus folgt die Notwendigkeit von Führungskräften und Mitarbeitern, sich dem Wandel zu stellen und permanent anzupassen.

Der Erwerb der dazu notwendigen „digital skills" erfordert vom Ausbilder die Bereitschaft und die Fähigkeit zu lebenslangem Lernen; die Offenheit, sich mit neuen Technologien aktiv zu beschäftigen.

Zur Generation Z gehören jene Menschen, die nach 1995 geboren wurden. Nach Christian Scholz[7] prägen vier Bedürfnisse die Generation Z:

- Struktur, im Sinne eines verlässlichen, stabilen Tätigkeitsfeldes und Beziehungsrahmens.
- Sicherheit, vor allem des Arbeitsplatzes.
- Sich wohlfühlen wollen, im Hinblick auf die beruflichen Aufgaben und das soziale Umfeld.
- Sich selbstverwirklichen können, vor allem bezogen auf die Vereinbarkeit von Familie und Beruf, sowie einer stabilen Work-Life-Balance.

Die Anforderungen der Generation Z an den Arbeitgeber sind herausfordernd:

Hierarchien, starre Strukturen und formaler Umgang miteinander werden abgelehnt. Gleichzeitig sinkt die Loyalität und emotionale Verbindung zum Arbeitgeber, da der Fachkräftemangel den Wechsel in andere Unternehmen erleichtert. „Berufliche Heimat" wird zur Nebensache.

Die von vielen Unternehmen eingeforderte Loyalität sieht Scholz als kritischen Faktor. Er meint, Loyalität aus der Sicht der Generation Z sei…"…nicht gleichbedeutend mit Engagement und Betriebszugehörigkeit. Man darf die Begeisterung der Generation Z nicht daran messen, ob sie Überstunden macht. Denn die Generation Z steht für die vollkommene Trennung von Beruf und Privatleben. Sie sagt: Ich arbeite mit voller Kraft, aber nur bis 17:00 Uhr.

Danach gehe ich ins Fitnessstudio oder mit meinem Partner einkaufen. Die Annahme, wer nicht rund um die Uhr für seinen Job brennt ist nicht engagiert bei der Sache, ist vollkommen falsch… Loyalität steht nicht im Wörterbuch der Generation Z. Warum auch? Große Konzerne sind auch nicht loyal einem einzigen Mitarbeiter

---

[7] *Interview mit dem Zukunftsforscher Christian Scholz in Welt online vom 21. 12. 2018*

gegenüber. Wenn jemand nicht mehr reinpasst oder auf der fünften, Stelle gespart werden soll, dann fliegt halt jemand raus. Ich finde es verlogen, wenn diese Unternehmen sich darüber beklagen, dass die Generation Z nicht loyal zu ihnen ist.

Aber wenn man sich richtig auf die Generation einstellt, dann bleibt sie durchaus lange in einem Unternehmen... Wenn es einem Zler gefällt und er sich verwirklichen kann, dann hat er kein Problem damit, 40 Jahre im selben Unternehmen zu bleiben."

Auch die Shell Jugendstudie[8] kommt zu ähnlichen Ergebnissen:

„Jugendliche haben heute sowohl hohe Bildungs- und Berufserwartungen als auch hohe Ansprüche an ihre Arbeitgeber. Der Beruf soll interessant sein. Doch zuallererst (für 95 Prozent) ist den Jugendlichen ein sicherer Arbeitsplatz wichtig. Über 90 Prozent meinen, dass Familie und Kinder gegenüber der Arbeit nicht zu kurz kommen dürfen. Für rund vier Fünftel der Jugendlichen ist es wichtig, dass sie ihre Arbeitszeit kurzfristig an ihre Bedürfnisse anpassen können.

Drei Viertel möchten in Teilzeit arbeiten können, sobald sie Kinder haben. Karriereorientierung steht hinter der Vereinbarkeit von Arbeit und Privatleben sowie der Planbarkeit von Berufstätigkeit zurück"

Die Verknappung an Fachkräften am Arbeitsmarkt spielt bei diesen Vorstellungen und Erwartungen der Generation Z in die Hände:

Unternehmen suchen händeringend nach Fachkräften, bzw. ausbildungswilligen jungen Menschen. Dies verstärkt deren Anspruchshaltung an den Arbeitgeber; wobei manche Ansprüche in Bezug auf realisierbare Möglichkeiten überzogen sind.

Im Zukunftsbild der Generation Z sind Träume, Ziele und Wünsche durchaus realisierbar; gleichwohl mangelt es häufig an Antrieb und Durchsetzungsfähigkeit, diese in die Tat umzusetzen.

---

[8] 17. Shell Jugendstudie 2015

Etwas „von der Pike auf" zu lernen wird als überholt, langweilig und unnötig angesehen. Dies trifft häufig auf Routinearbeiten zu und nervt insbesondere dann, wenn eine Tätigkeit durch einen Automaten oder eine App erledigt werden könnte. Auch das selbstständige Erarbeiten von Inhalten und Themen wird als wenig sinnvoll erlebt, ist doch alles benötigte Wissen mit wenigen Mausklicks im Internet abrufbar und kann per copy & paste weiterverarbeitet werden. Die Fähigkeit und Bereitschaft, sich mit Themen und Inhalten kritisch auseinanderzusetzen, sich selbst etwas zu erarbeiten, sinkt. Intellektuelle Eigenleistungen werden immer weniger erbracht.

Auch um die Leistungsmotivation und Belastbarkeit ist es weniger gut bestellt.

Laut einem Beitrag von „Welt online"[9] finden Betriebe zwar wieder mehr Auszubildende, beklagen dennoch Schwierigkeiten mit den jungen Menschen: so gebe es Mängel bei sozialen Kompetenzen; im Jahr 2013 hätte noch etwa 50 % der Betriebe mangelnde Leistungsbereitschaft und Motivation bei den jungen Azubis festgestellt. Im Jahr 2018 seien es bereits 65 % gewesen. Auch die Belastbarkeit habe abgenommen. Ungefähr 45 % der Betriebe beklagten demnach im Jahr 2015 eine geringere Belastungsfähigkeit. Im Jahr 2018 sollen es schon über 55 % gewesen sein.

Industrie 4.0, Automatisierung, Digitalisierung und künstliche Intelligenz verwandeln unsere Arbeitswelt und unsere Berufsbilder in dramatischer Geschwindigkeit. Wer nicht mithalten kann, der verliert den Anschluss.

In dem Maße, wie die digitale Transformation in der Wirtschaft fortschreitet, wird die Eigenschaft des digitalen Mindset-immer bedeutsamer. Unter digitalem Mindset will ich hier die grundsätzliche

---

[9] „Jetzt kommen die Azubis der Generation - Z -Lethargie". Welt Online Wirtschaft, vom 16.09. 2019

Offenheit gegenüber neuen, insbesondere digitalen Technologien verstanden wissen.

Der Bereitschaft und Fähigkeit zum lebenslangen (weiter) Lernen wird zum Schlüsselfaktor der Sicherung beruflicher Existenz.

Digitales Mindset erfordert die Offenheit für permanente technologische Entwicklung und die Bereitschaft, technologische Veränderungen wahrzunehmen, voraus zu denken und aktiv mit zu gestalten.

Diese notwendige Aufgeschlossenheit ist nicht jedem Ausbilder gegeben. Viele haben Mühe, mit der Veränderungsgeschwindigkeit Schritt zu halten oder die Digitalisierung selbst als gegebenen, unumkehrbaren Prozess zu akzeptieren und deren Chancen zu begreifen.

Nicht so die Angehörigen der Generation Z. Sie scheinen auf den ersten Blick diese Voraussetzungen optimal zu erfüllen. Nicht umsonst werden sie auch als Digital Natives bezeichnet. Bei genauerem Hinsehen qualifiziert aber die Verwendung sozialer Medien wie Facebook, Twitter, LinkedIn, Instagram usw. nicht zwingend dazu, ein professioneller und engagierter Nutzer neuer digitaler berufsbildbezogener Technologien zu sein.

Hier wächst dem Ausbilder die Rolle des Ausbildungsmanagers zu, der sich mit einigen Fragen auseinanderzusetzen hat, wie z.B.:

- Wie wird sich das technologische Umfeld meines Berufsbildes in fünf Jahren verändert haben, und wie bereite ich mich selbst als Fachkraft und als Ausbilder darauf vor?
- Welche Bedürfnisse wirken in meinen Azubis? Welche davon sind gerechtfertigt, und welche sind in der praktischen Ausbildung (noch) nicht zu bedienen? Wie kann ich zwischen den Ansprüchen der Generation Z und den betrieblichen Erfordernissen vermitteln?
- Welche Anforderungen stellen neue Technologien an die Motivation und die intellektuellen Fähigkeiten meiner Azubis?

- Wie wird Wissensvermittlung und Lernen künftig organisiert? Wie lassen sich Lerninhalte, Kommunikationsverhalten und Mediennutzung der Auszubildenden sinnvoll miteinander verknüpfen?
- Wie wird sich Lernen in den kommenden Jahren verändern? Wie kann ich die Lernumgebung, Lernanforderungen und Lernformen attraktiv gestalten?
- Wie vermittle ich den Auszubildenden den Sinn von unangenehmen Routinearbeiten und Pflichten?
- Wodurch kann ich den Wunsch der Auszubildenden nach anspruchsvollem und verantwortlichem Tun einlösen?
- In welchen Bereichen nehme ich die Auszubildenden in die (Eigen-) Verantwortung?

An den Abschluss dieses Beitrages stelle ich ein Zitat des Zukunftsberaters Gerd Gerken, der bereits im Jahr 1990 voraussagte:

Wenn es stimmt, dass die Jugendkultur keine vorübergehende Welle ist, sondern sich zu einer stabilen neuen Volkskultur von unten entwickelt, und wenn es stimmt, dass insbesondere die sensibleren und intelligenteren Jugendlichen Repräsentanten dieser neuen Jugendkultur sind, dann wird der Nachwuchs im Mittelmanagement und Später im Topmanagement Jugendkulturwerte in die Firmen hineintragen. die Werte der Jugendkultur sind eine Mischung aus Protest, kritischer Aktivität, Identitätsbewahrung, Selbstentfaltung, neuer Autoritätssuche, Partizipation, New Age, kritischem Zynismus, neuen Realismus und non-materieller Lebensorientierung." [10]

---

[10] *Gerken, Gerd: Management by love, ECON Verlag Düsseldorf, 1990*

Lernen und Digitalisierung

„Digitalisierung" ist in der Medienwelt unserer Gesellschaft einer der am häufigsten verwendeten Begriffe. Die Übertragung von Informationen über Smartphone, Computer, Computernetzen, das Internet etc. rund um den Globus und in Echtzeit leitet einen Umbruch ein, der sich in alle unsere Lebensbereiche ausbreitet. Schneller und folgenreicher noch, wie die industrielle Revolution. Insbesondere bei industriellen Anwendungen, wie Robotik, Automatisierung, künstlicher Intelligenz und vielen Bereichen, denen ein „smart" vorangestellt ist, lässt sich die Digitalisierung nicht mehr wegdenken.

Nach wie vor geschieht Lernen zum großen Teil durch Lesen; zumindest, wenn es sich beim Lernstoff um Fachwissen handelt. Leider hat die Lesewilligkeit und Lesekompetenz (systematisches Aneignen von Wissensinhalten durch Lesen) in den letzten Jahrzehnten kontinuierlich abgenommen.

Zwar liegt laut JIM Studie 2018[11] der Anteil der regelmäßig lesenden Jugendlichen in den letzten zehn Jahren konstant um die 40%. Dieser Wert kann jedoch nicht beruhigen, da die Digitalisierung unserer Lebens- und Lernwelt gerade erst begonnen hat.

Die folgende Grafik zeigt die Medienbeschäftigung von Jugendlichen im Alter von 12 – 19 Jahren in deren Freizeit.

---

[11] *egal über welchen Verbreitungsweg, Basis: alle Befragten, n=1.200*

Quelle: mpfs Medienpädagogischer Forschungsverband Südwest, JIM Studie 2018

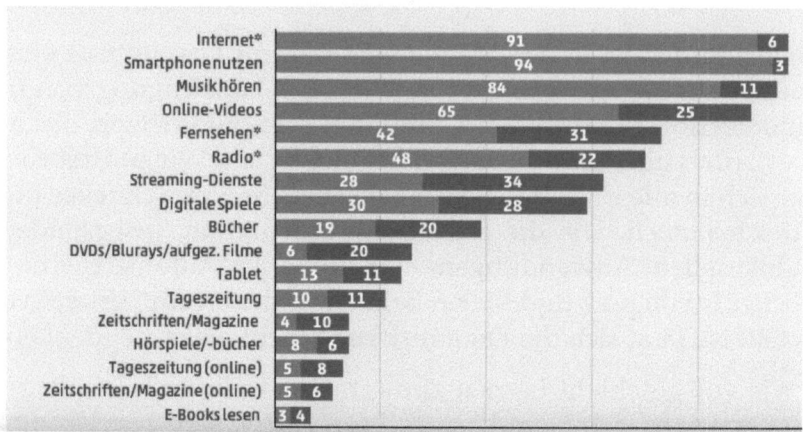

In der Hirnforschung ist es unbestritten, dass Lesen einen positiven Einfluss auf die Gehirnentwicklung hat. Es steigert die Konzentrationsfähigkeit, die Wahrnehmung und die Vorstellungskraft. Eigenschaften, die besonders in jungen Jahren einer gezielten Förderung bedürfen. Ist dieser Grundstock nicht gelegt, wird es dem

Ausbilder wohl nicht gelingen, das Leseverhalten seiner Azubis noch positiv zu beeinflussen. Die Digitalisierung ist Realität und schafft Fakten; dem Lernen über digitale Medien gehört die Zukunft. Wie digitale Medien sinnvoll in den Ausbildungsprozess eingebunden werden können wird im Kapitel „Zukunft und Lernen" besprochen.

Disziplin

„Man kann jungen Leuten gegenüber so tun, als sei Disziplin nicht wichtig im Leben, aber das wäre unfair. Sie wollen gar nicht frei sein – sie wollen herausgefordert werden, damit sie nachher stark sind.«

Royston Maldoom

Der Begriff der Disziplin hört sich für viele an wie aus einer fernen Zeit: Antiquiert, verstaubt, Auslaufmodell. Tatsächlich hat die Disziplin auch in der heutigen Zeit nichts an Aktualität verloren.

Der Begriff hat seine Herkunft im Lateinischen und bedeutet Unterweisung, Zucht (im Sinne von Erziehung) und Ordnung (im Sinne von klaren und geregelten Strukturen). Nichts braucht der junge Mensch so sehr wie eben diese Eigenschaften: Das Einhalten von Regeln und Normen, das Verinnerlichen von Werten und die Befähigung, Strukturen zu schaffen und zu erhalten. Disziplin ist nicht abhängig von Bildung, Intelligenz oder Talent. Sie entwickelt sich nicht selbst. Sie muss von außen durch den Ausbilder an den jungen Menschen herangetragen werden.

Sein Ziel in der „Disziplinierung" des Azubis ist, dass er aus Einsicht und freien Stücken selbstverantwortlich handelt - zur stetigen Weiterentwicklung seiner selbst und zum Nutzen des Ganzen. Erst dann ist der Azubi fähig zur Selbstdisziplin.

Diversität, Auszubildende mit Migrationshintergrund

„Die Grenzen meiner Sprache sind die Grenzen meiner Welt."
Ludwig Wittgenstein

Menschen aus anderen Kulturkreisen haben eine unterschiedliche Prägung in ihrer Entwicklung erfahren. Dies hat Auswirkungen auf deren Charakter, Einstellungen und Verhaltensweisen. Die Begegnung von Menschen aus unterschiedlichen Kulturkreisen kann zu Irritationen, Missverständnissen und Konflikten führen.

An erster Stelle aller Maßnahmen steht die Förderung des Spracherwerbs. Ohne Sprache ist keine Verständigung möglich und ohne Verständigung kann es nur schwer zu gemeinschaftlichem Handeln und zu echter (Arbeits-) Gemeinschaft kommen

Der Ausbilder regt an zum Austausch auf den unterschiedlichsten Ebenen. Leitthemen können dabei sein:

- Was haben wir gemeinsam, was ist beim anderen anders?
- Respektieren wir die Andersartigkeit dort, wo es den betrieblichen Ablauf nicht stört?
- Akzeptieren wir die Notwendigkeit von Anpassung an betrieblich notwendige Gepflogenheiten?

Der Ausbilder moderiert Gesprächs- und Begegnungsrunden, um erlebte Diversität und ihre Auswirkungen im Zusammenarbeiten zu thematisieren.

Informationen und Handreichungen zu Diversity Management halten auch vor:

Jobcenter, Arbeitsagenturen, Zuständige Stellen (IHK, HWK etc.)

Erkundigen Sie sich auch nach Förderprogramme wie assistierte Ausbildung, etc.

Ausbildungsbegleitende Hilfen (AbH)

Ausbildungsbegleitende Hilfen der Bundesanstalt für Arbeit sind bisher bei Betrieben zu wenig bekannt. Die AbH's setzen bei Lernschwierigkeiten von Jugendlichen während der Ausbildung an. Hier gilt es, die Qualität der ausbildungsbegleitenden Hilfen zu sichern und für die Zielgruppe spezifisch weiterzuentwickeln. Neben der Sicherung kleiner Lerngruppen ist vor allem der fachliche und fachsprachliche

Unterricht entsprechend der Anforderungen bi- und multilingualer Lerngruppen zu gestalten.

Ausbildungsbegleitende Hilfen sollten bei den fachsprachlich bedingten Schwierigkeiten in der Fachtheorie ansetzen. Die in diesem Zusammenhang verwendeten Sprachunterrichtsmodelle sind fachtheoretisch zu orientieren. Entsprechende Förderkonzepte liegen bereits vor. Wichtig ist, mit der Sprachförderung zeitig anzusetzen. Dies bedeutet, mögliche bestehende Sprachlücken bei den Auszubilden den rechtzeitig zu erkennen und eine kontinuierliche, in stabilen Lerngruppen stattfindende Förderung zu ermöglichen.

Noch wenig bekannt sind den Unternehmen die speziell für die Zielgruppe Flüchtlinge geschaffenen Förderprogramme „Perspektiven für Flüchtlinge" oder „Perspektiven für junge Flüchtlinge" sowie das Förderprogramm „WeGebAU" für die Weiterbildung von Arbeitnehmern. Viele Unternehmen kennen diese Unterstützung.... Neun von zehn Unternehmen kennen die Assistierte Ausbildung nicht, in deren Fokus Lernbeeinträchtigte und sozial beeinträchtigte Menschen stehen, wozu auch Flüchtlinge gehören. Diese werden von einem Ausbildungsbegleiter intensiv während der Ausbildung und in einer vorgeschalteten Orientierungsmaßnahme betreut – eine Unterstützungsmaßnahme, die sich viele Unternehmen ausdrücklich wünschen.

Quelle: Studie, Kompetenzzentrum Fachkräftesicherung (KOFA), Nr. 1/2017

Drogen und Süchte

Natürlich hat Kiffen und LSD oder Ecstasy schon Leuten geholfen! Man muss aber das Nutzen-Schaden-Risiko abwägen. Bei mir hat das Langzeitgedächtnis gelitten. Zum Glück gibt es Wikipedia.

Charlotte Roche

Sucht ist ein „…nicht mehr beherrschbares Verlangen nach einem als positiv erlebten Gefühls- oder Bewusstseinszustand…(und)…wenn die Kontrolle über das Befriedigungsverhalten verloren gegangen ist und die Abhängigkeit in das gesamte Leben des Betroffenen eingreift."[12]

Die Abhängigkeit von Drogen und Süchten stellt auch den Ausbilder vor ernst zu nehmende Probleme. Der Psychologe John Pinel bemerkt hierzu: „Zum Beispiel sind in Deutschland 16 Millionen Menschen Raucher, 1,3 Millionen Menschen sind alkoholabhängig und 1,4 Millionen Menschen sind von Medikamenten abhängig. Zusätzliche besteht bei 600.000 Menschen ein problematischer Cannabis-Konsum. 200.000 konsumieren illegale Drogen, und 600.000 gelten als glücksspielsüchtig."[13]

Laut des Drogen- und Suchtberichts 2018 der Drogen- und- Suchbeauftragten der Bundesregierung; Marlene Mortler, sind diese Zahlen im Jahr 2018 angewachsen.

Nach wie vor ist Alkoholkonsum die Hauptursache für Erkrankungen, danach jedoch gefolgt von Cannabis- und dem Konsum synthetischer Drogen.

Darüber hinaus brechen Menschen, die häufig Cannabis konsumieren, „…öfter die Schule ab, besuchen seltener eine Universität und haben seltener akademische Abschlüsse als ihre nicht

---

[12] *Drogen- und Suchtbericht der Drogen- und Suchbeauftragten der Bundesregierung 2018, S. 113*

[13] *Pinel, John "Biopsychologie", 2012, S.446*

konsumierenden Altersgenossen. Der geringere Bildungserfolg zeigt sich vor allem, wenn Jugendliche über Jahre hinweg viel Cannabis konsumieren und schon vor dem 15. Lebensjahr damit begonnen haben."[14]

Der Bericht macht keine Aussagen über den Anteil von Jugendlichen und jungen Erwachsenen. Diese Problemlage ist vom Ausbilder ernst zu nehmen.

In den letzten Jahren zeigt sich ein Trend bei Jugendlichen und jungen Erwachsenen zum Konsum von so genannten Legal Highs.

Darunter zählt man synthetisch hergestellte psychoaktive Substanzen, die meist über das Internet als „Räuchermischungen", „Badesalze" oder „Reiniger" vertrieben werden.

Ihre Wirkungsweise ähnelt der von Cannabis, Ecstasy oder Amphetaminen. Diese Stoffe sind jedoch in ihrer Wirkung oftmals wesentlich stärker und die Nebenwirkungen unberechenbar. Weil die Herkunft und chemische Zusammensetzung unbekannt sind, setzen sich die Konsumenten erheblichen gesundheitlichen Risiken aus.

Neben dem Drogenmissbrauch litten laut Statistik 6.5 % der ambulant behandelten Süchtigen unter zwanghaftem Glücksspiel. Der Kontrollverlust bei Glücksspiel- und Spielsüchtigen, insbesondere wenn um Geld gespielt wird, kann zum Verlust sozialer Beziehungen und zum Verlust der wirtschaftlichen Existenz führen.

Mittlerweile finden auch die Internetsucht und die Abhängigkeit von Computerspielen in der Fachwelt Beachtung. „Die Betroffenen haben zum Beispiel ihren Umgang mit Internet und Computerspielen nicht mehr unter Kontrolle. Sie beschäftigen sich gedanklich übermäßig stark damit, fühlen sich unruhig oder gereizt, wenn sie diese Angebote nicht nutzen können. Oder sie vernachlässigen

---

[14] *Drogen- und Suchtbericht der Drogen- und Suchbeauftragten der Bundesregierung 2018*

andere wichtige Lebensaufgaben wegen des Computerspielens oder der Internetnutzung".[15]

Die eindeutige Diagnose einer Suchterkrankung ist dem Ausbilder nicht möglich und zuzumuten. Wohl aber das Wahrnehmen von Hinweisen und Verhaltensauffälligkeiten, welche sein Handeln erfordern:

- Rückzug des Azubis aus dem sozialen Gefüge.
- Apathie, abnehmende Interessen.
- Rückgang der Aufmerksamkeitsspanne.
- Erinnerungslücken.
- Schulprobleme und Schule schwänzen.
- Schwankendes Engagement.
- Stimmungsschwankungen.
- Starke Ablenkbarkeit.
- Überempfindlichkeit, Reizbarkeit.
- Gerötete Augen, glasiger Blick.
- Müdigkeit.
- Erhöhter Appetit.
- Wechsel zwischen Euphorie und Apathie.
- Unbegründete Lachflashs.
- Ansteigender Geldbedarf.
- Vernachlässigung des Äußeren und der Körperhygiene.
- Heimlichtuerei.
- Körperliche Unruhe.
- Schweißausbrüche.
- u.a.m.

---

[15] *Drogen- und Suchtbericht der Drogen- und Suchbeauftragten der Bundesregierung 2018*

Maßnahmen, die der Ausbilder einleiten kann und auch muss, wenn eine Gefährdung des Azubis absehbar ist, z.B. die Gefährdung des Straßenverkehrs und sein Unfallrisiko, wenn der Azubi mit Drogenverdacht von der Arbeit nach Hause fährt, sind zunächst einmal die **aufmerksame Beobachtung des Azubis.** Wenn sich entsprechende Hinweise verdichten, ist das Gespräch mit dem Azubi ein erster Schritt. Dabei sollte er unumwunden mit dem Verdacht auf Drogenkonsum konfrontiert werden. Immer sollte im Gespräch das Hilfsangebot im Vordergrund stehen. Streitet der Azubi Drogenkonsum ab und tritt keine Verbesserung seines Verhaltens zum Positiven ein, kann der Ausbildungsbetrieb von ihm eine ärztliche Bescheinigung über seine Arbeitsfähigkeit verlangen. Das Verlangen nach einer Teilnahme an einem Drogenscreening ist nicht zulässig; es würde seine Persönlichkeitsrechte verletzen. Es empfiehlt sich, die Inhalte des Gesprächs mit dem Azubi schriftlich zu dokumentieren; so kann der Ausbilder den Nachweis über die Einhaltung seiner Fürsorgepflicht erbringen.

Weitere Ansprechpartner können (bei Minderjährigen) die Erziehungsberechtigten sein, auch der Betriebsarzt oder Gespräche mit ehemaligen, von Suchtproblematik Betroffenen.

Anstatt sich in Vorwürfen zu ergehen, sollte der Ausbilder Vertrauen aufbauen und Hilfsangebote unterbreiten; hier bieten sich diverse Beratungsstellen. Kirchliche und vielfältige soziale Träger sowie die Bundeszentrale für gesundheitliche Aufklärung bieten verschiedene Programme an, die dem Auszubildenden aus dem Suchtkreislauf heraushelfen.

Bulimie, Magersucht, Selbstverletzung

Hierbei handelt es sich um anfallartige Attacken von Essen und Erbrechen (Bulimie) oder die Verweigerung der Nahrungsaufnahme (Magersucht) sind Erkrankungen mit vielfältigen Ursachen.[16]

---

[16] *Siehe Fuhljahn, Heide: Von Wahn und Sinn – Behandler, Patienten und die Psychotherapie ihres Lebens.*

Wie Essstörungen treten auch Selbstverletzungen, wie Ritzen, Stechen, sich schneiden oder Haare ausreißen fast überwiegend bei jungen Frauen auf; die betroffene Altersgruppe liegt bei den 12- 18-jährigen.

„Die Mädchen und jungen Frauen, die sich selbst verletzen, neigen dazu, niedergeschlagen zu sein. Sie sind oft sehr unruhig, und sie reagieren besonders sensibel bei gefühlter Ablehnung. Selbstverletzung hilft ihnen, wenn auch nur kurzfristig, sich von intensiven Gefühlseindrücken und Empfindungen, wie Ärger und Wut, Traurigkeit, Einsamkeit, Scham, Schuld zu befreien."[17]

Dem Ausbilder zeigen sich hier kaum Einflussmöglichkeiten, außer verstärkter Zuwendung und dem Zuraten zu therapeutischer Behandlung. Treten akute Gefährdungssituationen ein, muss er sofort eingreifen und für eine Ersthilfe sorgen.

Notruf, Arztbesuch, Elterngespräch etc.

Verhaltensstörungen

Eine Verhaltensstörung hat nichts mit abweichendem Verhalten von den Normen und der Kultur des Umfeldes zu tun. Sie ist auch nicht zwingend eine psychische Erkrankung. Verhaltensstörungen sind dadurch gekennzeichnet, dass das Verhalten der Person weder dem Anlass angemessen ist noch ein bestimmtes Ziel verfolgt.

Ein Azubi, der häufig durch Widerspruch und Uneinsichtigkeit auffällt, ist nicht verhaltensgestört.

Wutausbrüche, unbegründete Aggressionen, Kleptomanie, Erfinden von Geschichten, etc.

Verhaltenssucht

„Alles was wir gerne tun und was in Maßen eine Menge Spaß macht und gut für uns ist, wird gefährlich, sobald es exzessiv betrieben

---

[17] "Seelenkratzer" - Selbstverletzendes Verhalten bei Jugendlichen, in: http://www.beratung-caritas-ac.de/index.php?id=seelenkratzer

wird – auch Sport, Einkauf oder Spiel. Überall dort, wo Menschen Dinge über jedes Maß hinaus tun, ist von Verhaltenssucht die Rede."

INFO Praxisteam - Das Magazin für medizinische Fachangestellte 1/11

Von einer Verhaltenssucht oder Verhaltensabhängigkeit spricht man, wenn ein bestimmtes „stoffungebundenes" Verhalten exzessive Formen angenommen und den Charakter einer Abhängigkeit entwickelt hat.

Exzessiven Glücksspielen, Computerspielen, Kaufsucht, Arbeitssucht, Sexsucht oder Sportsucht, um nur einige zu nennen. Es werden dabei zwar keine Drogen konsumiert, es ist jedoch bekannt, dass im Gehirn ähnliche physiologische Abläufe stattfinden wie bei der Einnahme von Alkohol oder anderen Drogen.

Verhaltenssüchte haben oftmals gravierende negative Folgen für die Betroffenen und ihre Angehörigen. Für den Ausbilder ins besonders, da sie meist im Privatbereich ausgelebt werden und daher nur sehr schwer erkannt werden können. Am Arbeitsplatz kann es zu sozialem Rückzug, Aggressivität, psychischen Störungen und im Extremfall zu Suizidgefährdung oder zu Verwahrlosung kommen.

Eine hohe Sensibilität des Ausbilders und frühzeitige Ansprache des Azubis sind daher angesagt.

Weitere Informationen finden Sie auch auf der Seite der Bundeszentrale für gesundheitliche Aufklärung, www.bzga.de

Du oder Sie?

Soll ich Sie duzen, siezen, bitchen, altern oder diggern?
unbekannt

In vielen Unternehmen hat sich weitgehend unbemerkt das DU im Umgang miteinander eingebürgert. Vermehrt wird es auch bewusst in Unternehmen eingeführt.

Die „DU-Kultur" soll gezielt hierarchische Hürden überbrücken, die Kommunikation verbessern, das Gemeinschaftsgefühl und den Teamgeist stärken.

Der Wechsel vom „Sie" zum „Du" kann nicht darüber hinwegtäuschen, dass im Hintergrund immer noch Hierarchien wirken. Dies macht sich bei widerstreitenden Interessen der beteiligten Parteien bemerkbar.

Das vertraulich anmutende DU kann Hemmschwellen im positiven Sinne senken. Gleichzeitig kann es auch zu einer falsch verstandenen Vertraulichkeit führen. Hier sorgen dann Distanzlosigkeit, Übergriffe und Patzer im Umgang miteinander für Verstimmungen und Konflikte.

Bevor Sie Ihren Azubis das DU anbieten, berücksichtigen Sie:

Der Ältere bietet dem Jüngeren das DU an.

Ein vorschnell angebotenes DU kann nur bedingt wieder zurückgenommen werden.

Das DU kann nicht verpflichtend für alle „angeordnet" werden.

Das SIE stellt im positiven Sinne eine professionelle Distanz her.

Für viele Menschen ist das SIE ein Teil der Privatsphäre, welches sie nur unter bestimmten Umständen aufgeben wollen (meist nur im außerbetrieblichen Bereich). Das Unternehmen sollte diese Haltung respektieren.

Hinter dem Gebrauch des DU kann sich, je nach Situation, Respektlosigkeit und Missachtung gegenüber der Person verbergen.

Für Menschen, bei denen das DU einen hohen Grad Nähe im Umgang miteinander besitzt, kann es zu Missverständnissen in Bezug auf Vertrautheit im Unternehmen führen.

Hinter dem Gebrauch des SIE kann, je nach Situation, Respekt und Achtung gegenüber der Person zum Ausdruck kommen.

Als Ausbilder sind Sie in letzter Konsequenz immer auch Vorgesetzter. Die Durchsetzung Ihrer Anweisungen kann unter dem DU leichter zu Diskussionen und Konflikten führen als unter dem SIE.

In international aufgestellten Unternehmen ist häufig die „DU-Kultur" verbreitet. Daneben findet sich auch noch die Variante „Vorname + SIE". Beides soll den Umgang miteinander erleichtern, hierarchische Beziehungen bleiben nach wie vor in Kraft.

Ego Depletion

Wenn man auf seinen Körper achtet, geht's auch dem Kopf besser.

Jil Sander

Sind Sie beim Lesen dieses Begriffs neugierig geworden und haben diese Seite aufgeschlagen? Dann habe ich Sie soeben erfolgreich „extrinsisch motiviert".

Der Begriff Ego Depletion steht für das Phänomen der „geistigen Ermüdung". Unser Gehirn ist vergleichbar mit einem Muskel, der beansprucht wird. Je nach Trainingsgewohnheit kann es wachsen und stärker werden, bei Vernachlässigung auch verkümmern. Und auch wie die Muskeln im Training kann unser Gehirn ermüden. Der berufstätige Mensch trifft täglich bis zu 60.000 Entscheidungen. Viele davon vorbewusst, heißt „aus dem Bauch heraus", andere Entscheidungen werden bewusst getroffen, jedoch vom Kurzzeitgedächtnis alsbald wieder gelöscht. Nur die wirklich wichtigen Entscheidungen bleiben im Gedächtnis. Auch aufgeschobene Entscheidungen tauchen immer wieder im Arbeitsgedächtnis (Bewusstsein) auf, „...nicht erledigte Aufgaben und nicht erreichte Ziele kommen uns immer wieder in den Kopf. Wenn eine Aufgabe jedoch erledigt und abgeschlossen ist, endet der Strom der Ermahnungen."[18] Nach Roy Baumeister schwächen Entscheidungen die Willenskraft. Dieser Effekt verstärkt sich noch dadurch, wenn Multitasking bei der Arbeit im Spiel ist. Durch die gleichzeitige Beschäftigung mit mehreren Aufgaben sinkt insgesamt unsere Effektivität. Stellen Sie sich einen Laser vor: Licht in gebündelter, hochkonzentrierter Form ist in der Lage zu schweißen, zu bohren usw. Verstreutes Licht erzeugt lediglich Helligkeit in unterschiedlichster Abstufung. Hohe Beanspruchung unserer Gedanken und Entscheidungsleistungen sorgen für vorzeitige geistige Ermüdung, Erschöpfung. „Entscheidungsmüdigkeit erklärt, warum ansonsten vernünftige Menschen plötzlich Kollegen und Angehörige anschreien, Geld zum Fenster hinauswerfen,

---

[18] Baumeister, S.105

sich mit Junkfood vollstopfen und sich vom Autohändler überreden lassen, die vollverzinkte Karosserie zu wählen."[19]

Neben einer ausreichenden Sauerstoffzufuhr ist unser Gehirn auf die Zufuhr von Glukose (Zucker) angewiesen. Sie ist der Treibstoff, der die Erschöpfung des Gehirns aufheben oder verhindern kann. Der Hunger nach Süßem ist ein deutliches Anzeichen für eine Unterversorgung des Gehirns mit eben diesem Treibstoff.

Das mag auch erklären, warum Ihre Azubis Energydrinks, zuckerhaltige Limonaden und Süßigkeiten als Pausensnack bevorzugen. Diese Nahrungsmittel sorgen für einen schnellen Energieschub, der jedoch nicht lange anhält. Wirkungsvoller sind dagegen Vollkornprodukte, wie zum Beispiel Müsliriegel, welche die benötigte Glukose nur langsam, aber dafür kontinuierlich in den Blutkreislauf und damit in das Gehirn abgeben. Überdies sind sie gesünder und führen nicht in den Abhängigkeitskreislauf, in immer kürzeren Abständen immer mehr Süßigkeiten zu sich nehmen zu müssen.

Der Ausbilder ist kein Ernährungsberater. Er kann auch seinen Azubis nicht anordnen, was sie essen und trinken sollen. Gleichwohl sollte er die geschilderten Zusammenhänge nicht aus den Augen verlieren und bei sich bietenden Gelegenheiten durch Aufklärung und Vorbild auf das Konsumverhalten seiner Azubis einwirken.

So können zum Beispiel im Rahmen des betrieblichen Gesundheitsmanagements

Workshops zu gesunder Ernährung organisiert werden das Lebensmittelangebot der Kantine auf Gesundheitsaspekte hin überprüft werden und dies alles kann geschehen durch Projekte, die von den Azubis selbst durchgeführt werden.

---

[19] *Baumeister, S.116*

Entwicklungsgespräche führen

Entwicklungsgespräche mit Azubis sind Rückmeldung, Standortbestimmung und Ausblick auf die kommende Zeit. Entwicklungsgespräche können Erreichtes aufzeigen, Defizite aufdecken, Chancen herausarbeiten, Förderungsbedarfe und -möglichkeiten erkunden.

Die Häufigkeit von Entwicklungsgesprächen kann unterschiedlich sein; im Zusammenhang mit der Auswertung der Zwischenprüfung, in den letzten Monaten vor der Abschlussprüfung oder anlassbezogen.

Der Ausbilder begegnet dabei seinem Azubi „auf Augenhöhe" und führt das Gespräch überwiegend durch Fragen. Dabei ist es sinnvoll, den Azubi rechtzeitig im Vorfeld des Gesprächs über Sinn und Ziele des Gesprächs zu informieren. Damit der Azubi sich entsprechend vorbereiten kann, sollten hm die wesentlichen „Schlüsselfragen" ebenfalls vorab mitgeteilt werden.

Im Folgenden eine Auswahl beispielhafter Fragen:

- An welches schöne Erlebnis/Erfolg auf der Arbeit oder in der Berufsschule erinnern Sie sich in den vergangenen Monaten? Welchen Anteil hatten Sie daran?
- Wie hat sich Ihre Persönlichkeit im Lauf der letzten Jahre/Monate entwickelt? Welchen Nutzen können Sie daraus ziehen?
- Welche Fähigkeiten oder Eigenschaften zeichnen Sie vor anderen aus? Wie können Sie diese Fähigkeiten/Eigenschaften den Kollegen Firma nutzbar machen?
- Welche Tätigkeiten füllen Sie ganz aus?
- Wenn es schwierig wurde und Sie sich durchbeißen mussten: Auf welche Stärken konnten Sie sich verlassen?
- Wer hat Ihnen geholfen oder stand Ihnen zur Seite?
- Was bedeutet diese Erfahrung für Sie in der Zukunft?
- Was wäre eine Herausforderung für Sie?
- Was nehmen Sie aus diesem Gespräch mit?

Feedback geben und nehmen

Die Anerkennung, das Lob der anderen, stärkt unser Selbstwertgefühl. Es gibt Schwung für neue Aktivitäten. Aber man muss auch selbst die Kraft in sich haben, andere anzuerkennen. Und das sollte man öfter tun. Es macht den Umgang untereinander leichter

Aenne Burda

Jeder Mensch möchte wissen, wo er steht mit seiner Leistung und im Verhältnis zu seinen Mitmenschen. Diese „Standortbestimmung" ist über das Feedback als Rückmeldung möglich.

Mit jedem Feedback teilt der Ausbilder dem Auszubildenden mit: „So erlebe ich dich...". Dabei geht es nicht um Maßregelung des Auszubildenden als Menschen, sondern um die wertungsfreie Rückmeldung seiner Leistungen und seines Verhaltens. Feedback soll dem Auszubildenden ermöglichen, Einsichten zu gewinnen, aus denen er sich konstruktiv weiterentwickeln kann.

Indem der Ausbilder das positive Verhalten und die guten Leistungen seines Azubis würdigt, verstärkt er dessen Verhalten in einem positiven Sinne.

Indem der Ausbilder unerwünschtes Verhalten oder Minderleistungen kritisiert, führt er zukünftige Leistung und Verhalten in den erwünschten Rahmen.

Darüber hinaus trägt das Feedback dazu bei, einander besser zu verstehen und die Zusammenarbeit im sozialen Verband zu erleichtern.

Regeln für das Feedback:

Es wird nur die Leistung und das Verhalten angesprochen; nicht die Person.

Es werden nur Wahrnehmungen aus der Ich-Perspektive (Ich-Botschaften) beschrieben; moralische Bewertungen sollen unterbleiben, da sie den Anderen in eine Verteidigungshaltung drängen und zur Ablehnung der Rückmeldung führen können.

Das Feedback sollte möglichst unmittelbar erfolgen. Hierdurch kann der Auszubildende einen direkten Bezug zur Situation herstellen und auch verstehen, was gemeint ist.

Der Ausbilder soll eine klare und eindeutige Sprache verwenden, um Fehlinterpretationen und Missverständnisse zu vermeiden.

Um sicherzugehen, dass das Feedback verstanden wurde, wird der Azubi aufgefordert, das Feedback mit seinen eigenen Worten zu wiederholen.

Feedback ist keine Einbahnstraße. Bei passender Gelegenheit sollte der Ausbilder sich auch ein Feedback von seinen Azubis einholen. Dadurch kann er wertvolle Erkenntnisse über sein Wirken als Ausbilder gewinnen, denn sein Selbstbild muss nicht immer mit dem Fremdbild übereinstimmen.

Die Fragen, die der Ausbilder seinen Azubis stellt, müssen so formuliert sein, dass der Auszubildende sie auch beantworten kann. Eine Frage nach der Qualität seiner Unterweisungsmethoden ist daher unsinnig, da die Auszubildenden nicht über die notwendige Qualifikation verfügen, um hier ein fundiertes Urteil abgeben zu können.

Die Antworten der Auszubildenden soll der Ausbilder weder kommentieren noch soll er sich vor den Auszubildenden rechtfertigen. Er nimmt die Antworten kommentarlos entgegen und bedankt sich für den offenen Austausch.

Einige Regeln für wirksames Feedback

Feedback ist ....
- konkret statt allgemein
- beschreibend statt bewertend
- unmittelbar statt zeitlich verzögert
- einfühlsam statt zurechtweisend
- konkret/situativ statt allgemein/konstruiert
- konstruktiv statt destruktiv

- An der Sache oder dem Verhalten des Anderen orientiert
- Grundsätzlich wertschätzend
- Als Ich-Botschaft formuliert (Ich nehme wahr…aus meiner Sicht…mir scheint…etc.)

Fehler machen und Verantwortung übernehmen

Kein Fisch ohne Gräten, kein Mensch ohne Fehler
Unbekannt

Verantwortung übernehmen heißt, entscheiden dürfen, machen dürfen; gleichzeitig aber auch, für das Ergebnis einzustehen, sich dafür kritisieren und daran messen zu lassen.

Das Wort „Vertrauen" beinhaltet gleichfalls Trauen und Zutrauen. Positiv besetzte Begriffe, welche demjenigen, dem Vertrauen geschenkt wird, eine besondere Wertschätzung zuerkennt.

Daher ist für die meisten Menschen das Übertragen von Verantwortung ein Vertrauensbeweis, der sie ermutigt, aktiviert und energetisiert; jedenfalls so lange, bis sie nicht für eingestandene Fehler abgestraft werden und ihnen das Vertrauen wieder entzogen wird.

Menschen lehnen Verantwortung ab, weil sie im Falle von Fehlern nicht zur Rechenschaft gezogen werden wollen – sie trauen sich nicht.

In Unternehmenskulturen, in denen Mitarbeiter für ihre Fehler öffentlich angeprangert und verächtlich gemacht werden, versiegen jegliche Initiative, selbstverantwortliche Entscheidungen und Handlungen. Durch die soziale Ächtung von Fehlern werden redliche Bemühungen von Mitarbeitern entwertet, verächtlich gemacht und so ganze Belegschaften demotiviert und jeglicher Initiative beraubt. Es entwickelt sich in der Folge eine Kultur des Wegduckens - wer nichts entscheidet, trifft keine Fehlentscheidung und wird im Zweifelsfall nicht bestraft.

Menschliche Entwicklung ist ohne Fehler nicht denkbar. Dort, wo immer alles richtig gemacht wird, gibt es kein Hinterfragen und kein Streben nach Verbesserung. Viele wichtige Erfindungen und Entdeckungen sind aus Fehlern entstanden.

Fehler sind Hinweisgeber, dass wir etwas falsch angefasst, etwas vergessen oder nicht bedacht haben. Das Akzeptieren von Fehlern ist der erste Schritt, den der Ausbilder seinem Azubi gegenüber tun kann. Danach folgt die gemeinsame Auswertung, worin der Fehler lag und wie er beim nächsten Mal vermieden werden kann. Der Ausbilder zeigt dabei dem Azubi seine Anerkennung und Wertschätzung, sich mit seinem Fehler auseinanderzusetzen[20]. Über diese Vorgehensweise („Aus Fehlern wird man klug") lernt der Azubi sein Verhalten selbst auszuwerten und zu korrigieren.

Er beginnt, mutig Entscheidungen zu treffen, Fehler zu eliminieren und sein Handeln kontinuierlich zu optimieren.

Die sinnvolle Fehlerkommunikation führt der Ausbilder mit dem Azubi im Auswertungsgespräch. Dabei werden ausschließlich Fakten besprochen; persönliche Vorwürfe und negative Emotionen sind tabu. Auch eine Bewertung seines Charakters, seiner Persönlichkeitsmerkmale hat zu unterbleiben.

Beispielhafte Fragen, mit denen das Auswertungsgespräch gesteuert werden kann:

Wie bewerten Sie das Ergebnis Ihrer Arbeit?

- Welche Fehler sind aufgetreten?
- Woran bemerken Sie, dass das Ergebnis fehlerbehaftet ist?
- Welche Folgen ergeben sich aus diesem Fehler?
- Wie kommt es Ihrer Meinung nach zu diesem Fehler?
- Welche Ursachen können Fehler auch noch haben?
- Worin liegen die Chancen von Fehlern?
- Was ist aus diesem Fehler zu lernen?
- Welche Fehler können wir (noch) akzeptieren / tolerieren?
- Welche Fehler müssen wir dauerhaft beseitigen?

---

[20] Lernpsychologen haben nämlich herausgefunden, dass Menschen eine dauerhaftere Verhaltensänderung zeigen, wenn sie anerkannt und wertgeschätzt werden, als über anklagen und verurteilen.

- Wie kann dieser Fehler künftig vermieden werden?
- Wie können wir uns gegenseitig auf Fehler aufmerksam machen?
- etc.

Führungsstile und Führungsverhalten

Neben vielen anderen Rollen ist der Ausbilder nicht zuletzt im Unternehmenskontext immer auch disziplinarischer Vorgesetzter des Auszubildenden und „führt" diesen. Als Führungsstil wird ein konkretes, beschreibbares Verhaltensmuster bezeichnet, wie ein Vorgesetzter mit seinen Mitarbeitern (also auch den Auszubildenden) umgeht. Hinter diesem Verhaltensmuster verbergen sich Werthaltungen, Einstellungen und Charaktereigenschaften des Vorgesetzten, welche diesem selbst im täglichen Handeln oftmals nicht bewusst sind. Dabei bestimmen zwei Bezugsgrößen das Verhalten des Ausbilders: Die Orientierung an den zu erledigenden Aufgaben (Aufgabenorientierung) und die Orientierung an den Menschen (Beziehungsorientierung). Aus diesen beiden Bezugsgrößen leiten sich vier Führungsstile mit den entsprechenden Verhaltensweisen ab:

Kumpelhafter Führungsstil	Partnerschaftlicher Führungsstil – Kooperativer Führungsstil
Hier dominiert die zwischenmenschliche Qualität der Beziehung; Aufgaben treten eher in den Hintergrund.	Der Ausbilder begegnet dem Auszubildenden „auf Augenhöhe"; er fördert die zwischenmenschlichen Beziehungen, ohne dabei die Aufgaben zu vernachlässigen. Er bindet den Auszubildenden aktiv in das Ausbildungsgeschehen mit ein.
Laissez-faire Führungsstil	**Autoritärer Führungsstil**
Der Ausbilder kümmert sich weder um die Erledigung der Aufgaben um die Qualität der Beziehung. Die Auszubildenden bleiben sich selbst überlassen.	Zwischenmenschliche Beziehungen werden hier ausgeblendet. Der Ausbilder sagt seinen Auszubildenden, was, wie und wo sie was zu tun haben. Die Erfüllung der Aufgaben steht hierbei im Vordergrund, eigenständiges Denken und Handeln sind nicht gefragt und erforderlich. Ein autoritärer Führungsstil ist jedoch in gefährlichen bzw. sicherheitsrelevanten Situationen unverzichtbar.

Nicht der eine oder andere Führungsstil ist richtig oder wichtig; vielmehr sind alle Vier Führungsstile, je nach Situation, brauchbar. Die amerikanischen Sozialforscher Hersey und Blanchard haben das Modell der „situativen Führung" je nach **Reifegrad** des zu Führenden entwickelt. Demnach beeinflussen sowohl die Fähigkeiten des Azubis als auch sein Engagement den benötigten Führungsstil des Ausbilders. Ist der Azubi z. B. hoch engagiert und auch fachlich in der Lage, die ihm gestellte Aufgabe zu erledigen, so sollte man ihm mehr Freiheitsgrade gewähren, als dem Auszubildenden, der weder motiviert noch fachlich geeignet ist, die ihm gestellte Aufgabe durchzuführen. Es liegt im Ermessen des Ausbilders einzuschätzen, welcher Reifegrad welchem Auszubildenden zugeordnet werden kann Damit kann der Ausbilder den situativen Führungsstil gemäß Reifegrad in der Praxis einsetzen.

Damit aber der Ausbilder den situativen Führungsstil anwenden kann, muss er sich zuerst über seinen eigenen (bisher unbewusst angewandten) Führungsstil klar werden. Ein Wechsel des Führungsstils ist auch immer mit einem Rollenwechsel verbunden. Mit dem jeweiligen Führungsstil muss sich der Ausbilder identifizieren können, damit er sie letztlich auch authentisch und konsequent wirken kann.

Gezielt Fördern

„Der junge Erwachsene möchte sich in allerlei Situationen bewähren können, um so sich und seine Fähigkeiten erkennen zu lernen. Als es noch Handwerkergilden gab, war dies die Gesellenzeit, in der man von Meister zu Meister zog und jedes Mal unter neuen Lebensumständen etwas Neues lernte. Das moderne Berufsleben bietet dafür wenig Gelegenheit, außer wenn man selbst, gegen die herrschende Tendenz, die Initiative ergreift. Das Schlimmste, was einem Menschen in dieser Phase seines Lebens (die zwanziger Jahre, Anm. d. Autors) passieren kann, ist zehn Jahre lang dieselbe Arbeit machen zu müssen, ohne dabei etwas Neues lernen zu können. Die Starken entziehen sich dieser Tretmühle, indem sie selbst eine Karriere aufbauen und überall nur so lange bleiben, bis sie ausgelernt haben. Der größere Teil aber passt sich nach einigem Aufmucken an und hat dann für den Rest seines Lebens gelernt, keine Initiative mehr zu ergreifen. Dass man sich dann immer mehr auf äußere Garantien und ein Netz sozialer Sicherheiten stützt, ist eine nur zu natürliche Reaktion."[21] Dieses Zitat des Jugendpsychiaters Bernard Lievegoed entstammt einem Text aus den 1970er Jahren. Seitdem ist unsere Arbeitswelt um ein Vielfaches komplexer, dynamischer und temporeicher geworden. Die an anderer Stelle besprochene Notwendigkeit zum lebenslangen Lernen in der Berufswelt ist längst nicht in ausreichender Form in der praktischen Berufsausbildung umgesetzt.

Die Gründe hierfür sind vielfältig. Mal scheitert es an der Zeit, die dem mitarbeitenden Ausbilder für ein optimales pädagogisches Wirken zur Verfügung steht, mal an den entsprechenden Methoden-Kenntnissen. Oder der Ausbilder hat nicht genügend Interesse an günstigen Rahmenbedingungen für die Auszubildenden.

---

[21] *Lievegoed, Bernard: Lebenskrisen, Lebenschancen – Die Entwicklung des Menschen zwischen Kindheit und Alter.*

Der Förderbegriff wird häufig interpretiert als das Ausgleichen von Verhaltens- oder Leistungsdefiziten.

An dieser Stelle geht es aber um etwas anderes: Das Erkennen individueller Potenziale und das gezielte Verfolgen von deren Entwicklung - also erkennen, unterstützen, stärken, entwickeln.

- Was kann der Auszubildende besonders gut?
- Womit beschäftigt er sich intensiver / freiwillig?
- Welche Aufgaben gehen bei ihm mit Zufriedenheit einher?
- Wo ist er seinen Kollegen in Ausbildung voraus?
- Bei welchen Aufgaben fühlt er sich unterfordert?
- Welche Vorstellungen / Träume hat er von seiner beruflichen Zukunft?

Eine wissenschaftlich begründete und umfassende Inventur der Potenziale einer Person in Bezug auf förderungswürdige Kompetenzen und Entwicklungschancen bieten einschlägige psychologische Testverfahren, wie z.B. Potenzialanalysen.

Gezieltes Fördern beginnt mit der Betrachtung notwendiger Schlüsselqualifikationen im Ausbildungsberufsbild unter der Fragestellung:

In welchen Bereichen (Persönlichkeitskompetenz, Soziale Kompetenz, Methodische Kompetenz) hat der Auszubildende Potenziale, die über das in der Ausbildung geforderte Maß hinausgehen?

Und: Wie können diese Potenziale unter optimalen Voraussetzungen aktiv gefördert werden?

Hier einige Beispiele:

Der Azubi hat eine überdurchschnittliche Leistungsmotivation	Gewährung von mehr Entscheidungsspielraum und Eigenverantwortung. Schaffen von zusätzlichen Herausforderungen.
Der Azubi ist in sehr hohem Maße organisiert und strukturiert	Erstellen lassen von komplexen Planungen aller Art. Hinführen zu Projektarbeiten. Erarbeiten von Konzepten.
Der Azubi ist kontaktstark und verfügt über ein ausgleichendes Naturell.	Mit Beschwerdemanagement beauftragen. Pflegen von wichtigen Kundenkontakten.
Der Azubi ist hoch kreativ und voller Ideenreichtum.	Beteiligen an Workshops und Innovationsteams.

Durch den Wechsel in unterschiedliche Ausbildungsabschnitte hat der Ausbilder den Azubi nicht immer „auf dem Schirm"; insbesondere, wenn es darum geht, Potenziale zu entdecken und weiter zu entwickeln.

Daher müssen hier die Ausbildungsbeauftragten mit ins Boot; sie müssen sensibilisiert werden für „hervorragende" Eigenschaften oder Talente des Azubis. Darüber hinaus dürfen Fördermaßnahmen, wie oben beschrieben, nicht über den Kopf des Auszubildenden entschieden werden, sondern sollen mit ihm gemeinsam erörtert und geplant werden.

In dem Maße wie der Auszubildende eigenständig seine Potenziale definiert und an ihnen arbeitet entwickelt sich seine Motivation und im optimalen Fall auch die Bereitschaft, sich an zusätzliche- und neue Aufgaben heran zu wagen.

Handeln

"Hilf mir, es selbst zu tun. Zeig mir, wie es geht. Tu es nicht für mich. Ich kann und will es allein tun. Hab Geduld, meine Wege zu begreifen."

Maria Montessori...

Eine Großveranstaltung, dass Kuvertieren von Broschüren für eine Massen-Briefsendung o.ä.: Viele dieser Aufgaben sind lästige Pflichten, vor denen man sich gerne drücken möchte, sie müssen trotzdem erledigt werden. Die Wiederholung des Klassikers „Lehrjahre sind keine Herrenjahre" ist wenig hilfreich, wenn es darum geht, den Azubi an Pflichten und Routinen zu gewöhnen. Die folgenden Schritte schlage ich vor:

Der Ausbilder vermittelt dem Auszubildenden den Sinn der Handlung über die fragend entwickelnde Methode:

„Welche Konsequenzen hat es, wenn Du dein Werkzeug wahllos ablegst?"

Der Azubi antwortet erwartungsgemäß und der Ausbilder wiederholt die Äußerung des Azubis mit eigenen Worten:

„Genau!! Dadurch, dass Du das Werkzeug nach Gebrauch immer an derselben Stelle ablegst, vermeidest Du Zeitverluste durch unnötiges Suchen".

Hier entsteht beim Azubi Einsicht. Und aus Einsicht werden Überzeugung und Handlungsbereitschaft.

Im nächsten Schritt kann der Ausbilder daran gehen, beim Azubi die Aufmerksamkeit und den Blick dafür zu entwickeln, wo sich verwandte Situationen ergeben, die ebenfalls sein Handeln erforderlich machen. Diese Vorgehensweise entspricht dem didaktischen Prinzip der Verknüpfung, das heißt: Das Anknüpfen an schon bekanntes Wissen o. ä. Erfahrungen.

Hier eignet sich eine Erkundungsaufgabe:

„Notieren Sie in den nächsten beiden Tagen alle Ihnen auffällig gewordenen Situationen, die Ihrer Meinung ein sofortiges Handeln erforderlich machen."

Die Ergebnisse des Azubis können in einem Auswertungsgespräch diskutiert und vertieft werden. Diese Übung schärft die Wahrnehmung und führt nach und nach zum Handeln aus eigenem Antrieb.

Handlungskreislauf

Die Evolution hat den Menschen daraufhin programmiert, in für ihn neuen Situationen schnell zu handeln. Dieser „Reflex" war in einer für den Menschen bedrohlichen Umwelt überlebensnotwendig. Das Bedürfnis nach schnellem Handeln ist für uns auch heute noch prägend, die Bedrohungen sind aber weitgehend beseitigt. Dieses „schnelle Handeln" nennen die Verhaltenspsychologen den *„action bias"*.

In unbekannten, neuen Situationen, vor schwierigen Aufgaben und Problemen geben wir leicht dem Drang nach zu handeln. Egal wie, Hauptsache, es wird etwas getan. Auch wenn das Ergebnis nicht erreicht wird oder fehlerbehaftet ist, unser „Aktionismus" entlastet uns von dem Gefühl, machtlos oder untätig zu sein. Der Ausspruch „Gut gemeint ist nicht immer gut gemacht" charakterisiert dieses Phänomen treffend.

Wie können wir dem Aktionismus Einhalt gebieten und zu besseren Ergebnissen kommen?

Durch die Verwendung des Handlungskreislaufs wird richtiges Handeln möglich durch „vollständiges Handeln" (Modell der vollständigen Handlung); das bedeutet, erst die konsequente Einhaltung der sechs Schritte, macht planvolles Handeln „vollständig".

Das Einüben des Handlungskreislaufs durch die Azubis soll so früh wie möglich erfolgen. Dabei achtet der Ausbilder aber darauf, dass die Komplexität der gestellten Aufgaben, die im Handlungskreislauf zu erledigen sind, die Azubis nicht überfordert.

Mit der Zeit und der Regelmäßigkeit entwickelt sich bei den Azubis aus dem planvollen Tun ein „Denken im Handlungskreislauf", welches bei vielfältigster Art komplexer Aufgabenstellungen zur Anwendung kommt.

Der Handlungskreislauf

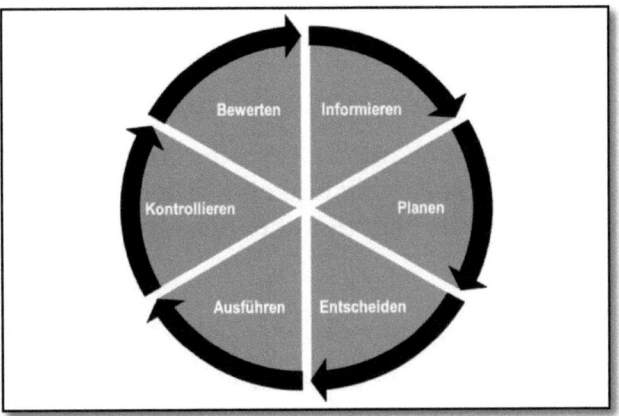

Informieren

Die Azubis sollen eine möglichst praxisnahe, anspruchsvolle und komplexe Aufgabe erledigen. Um diese Aufgabe zu lösen, müssen sie sich zuerst die nötigen Hintergrundinformationen beschaffen. Diese Informationsbeschaffung können sie selbsttätig ausführen, je nach Wissensstand und Vorerfahrungen vom Ausbilder geleitet (siehe Leittextmethode). Sie sollen sich z. B. fragen: Was ist die Aufgabe? Was ist das Problem? Wie soll das Endergebnis aussehen? etc.

Planen

Beim Planen sollen die Auszubildenden selbständig einen der Aufgabe angemessenen und zielorientierten Arbeitsablauf erstellen. Sie können aber je nach Wissensstand und Erfahrungshorizont vom Ausbilder begleitet werden und müssen sich z. B. fragen: Was brauche ich an Informationen, an Hintergrundwissen oder an Materialien bzw. Werkzeugen und sonstigen Ressourcen?

Entscheiden

Ist die Planung abgeschlossen, treffen die Azubis eine Entscheidung über die sinnvollste Umsetzung des Auftrags. Wege und

Maßnahmen werden abgestimmt (Wer macht was bis wann wie) und die Ausführung eingeleitet.

Ausführen

Nun setzten die Azubis ihre Arbeitsplanung um.

Wechselseitige Kommunikation, Vereinbarungstreue, Teamarbeit, Konflikt- und Problemlösungsfähigkeit werden in diesem Abschnitt des Handlungskreislaufs benötigt und ausgebildet.

Kontrollieren

Ist unser Auftrag erledigt, das Ziel erreicht, Ist = Soll?

Entspricht das Ergebnis den Vorstellungen des Auftraggebers und unseren Vorstellungen?

Bewerten

Die Auszubildenden bewerten ihre Arbeit selbst mit Unterstützung des Ausbilders. Dabei wird darüber gesprochen, ob die Vorgehensweise effektiv war und was ggfs. beim nächsten Lernauftrag anders gemacht werden könnte.

Der Handlungskreislauf kann sowohl als eine Denkhaltung verstanden werden als auch als Instrument aus dem Bereich der Methodenkompetenz. Dabei geht es um die Bearbeitung komplexer Aufgabenstellungen (nicht einzelner Tätigkeiten).

Kritik ist die ...

Kritik, die nicht konstruktiv ist, ist keine Kritik
Georg Wilhelm Exler

„Prüfende Beurteilung und deren Äußerung in entsprechenden Worten"[22]

Diese Definition von Kritik lässt sich zunächst einmal völlig wertfrei interpretieren: Man setzt sich zusammen und bespricht das Ergebnis eines Auftrags oder einer Handlung, eines Verhaltens. Dieser Vorgang kann sowohl positive als auch negative Aspekte haben.

Dies wäre dann die Bemängelung eines Ergebnisses oder eines Verhaltens mit der daraus schließenden Erkenntnis, was künftig in vergleichbaren Situationen anders oder besser getan werden kann oder soll.

Der Ausbilder kann mit einer kurzen Bemerkung aktiv in den Prozess eingreifen.

- Das ist so nicht richtig…
- Bitte achte auf…
- Das entspricht nicht den Anforderungen
- Verhalte dich bitte…
- Tu das nicht mehr…

Auch im extra anberaumten Feedback-Gespräch findet Kritik ihren Platz und kann im wechselseitigen Gespräch ausführlicher und in Ruhe erfolgen:

In dieser Situation hast du dich … verhalten, das führte zu Schwierigkeiten mit…

---

[22] *Duden online*

Wie kam es dazu? Was hast du aus dieser Situation gelernt? Was würdest du künftig anders machen?

Das erwarte ich von dir…

Mancher Ausbilder hat Hemmungen, Kritik am Auszubildenden zu üben. Dahinter steht oftmals ein falsch verstandenes Bild von Kollegialität, die Angst vor einer Störung der guten Beziehung zum Auszubildenden oder ein Harmoniebedürfnis des Ausbilders, welches ihn hemmt, Kritik auszuüben Der Ausbilder muss sich hier klarmachen, dass er in der Verantwortung steht, Fehlverhalten und Fehlleistungen zu korrigieren und auf den erwarteten Stand zu bringen. Viel wichtiger ist, dass dem Auszubildenden nicht damit geholfen ist, wenn über Versäumnisse, Fehler und Fehlverhalten hinweggesehen wird. Dies stabilisiert seine Defizite und verhindert sein Wachstum bzw. seine Entwicklung.

Letztlich ist negative Kritik mit nichts anderem zu vergleichen als dem Aufzeigen des richtigen Weges demjenigen, der sich verlaufen hat und orientierungslos ist.

Richtet sich die Kritik ausschließlich auf ein Ergebnis, einen Prozess oder ein Verhalten und nicht geringschätzig auf die Person, kann sie vom Kritisierten leichter akzeptiert werden, ohne dass Konflikte oder Widerstände entstehen. „Ich halte dich nach wie vor für einen sehr guten Azubi; aber in dieser Situation war dein Verhalten unangebracht. Das kannst du besser. Denk bitte beim nächsten Mal daran."

Kritisches Denken entwickeln

"Habe den Mut, dich Deines Verstandes zu bedienen."
Immanuel Kant

"Unter kritischem Denken wird häufig das Hinterfragen allgemein akzeptierter Lehrmeinungen verstanden...Es kann alle Bereiche des Seins kritisch hinterfragen und falls nötig korrigieren."

Der Mensch hat das tief liegende Bedürfnis, sich die gesellschaftlichen Normen und gängigen Meinungen zu eigen zu machen. Das vermeidet Konflikte und schafft Zugehörigkeit.

Menschen, die über Jahre in einer festen Routine leben und festen Überzeugungen anhängen, verfallen einem starren Denken."[23]

Kritisches Denken sorgt zunächst für Unruhe, da es althergebrachtes hinterfragt und in Zweifel zieht. Gleichzeitig ist kritisches Denken der Motor für Kreativität und Innovationen. Es fördert die Eigenverantwortung und stärkt Eigeninitiative. In starren Strukturen wird kritisches Denken oftmals als Besserwisserei und Respektlosigkeit aufgenommen. Diese Strukturen neigen dazu, freies Denken und neue abweichende Ansätze verächtlich zu machen und im Keim zu ersticken. In den so genannten "Filterblasen" beschäftigt man sich ausschließlich mit Inhalten und Informationen, welche die eigene Position oder die der Gruppe bestätigen.

So kann nichts Neues entstehen.

Dem Ausbilder fällt die Aufgabe zu, den Auszubildenden vor den Reaktionen starrer Strukturen in Schutz zu nehmen und das kritische Denken aktiv zu befördern, Meinungsvielfalt zuzulassen und Respekt vor Andersdenkenden zu entwickeln.

---

[23] Ganteföhr, Gerd: Das Gesetz der Herde S. 86 f.

Einige Fragen können hierzu als Anregung zu kritischem Denken dienlich sein:

- Könnte der andere vielleicht doch Recht haben?
- Habe ich es mit gesicherten Fakten zu tun, oder mit Meinungen?
- Wie / wo kann ich die Informationen auf ihren Wahrheitsgehalt überprüfen?
- Ist diese Vorgehensweise wirklich alternativlos?
- Gibt es noch eine andere Perspektive?
- Habe ich alle notwendigen Informationen zum Sachverhalt?
- Ist das noch zeitgemäß?
- Muss das immer so sein?
- Geht das auch anders?
- Geht das auch besser?
- Wird das noch benötigt?
- Was wird dadurch behindert?
- Welchen Nutzen hat Neues?
- Wer hat einen Vorteil von…?
- Wer hat einen Nachteil von…?
- usw.

Kritisches Denken

Manche Menschen würden eher sterben als nachdenken. Und sie tun es auch.

Bertrand Russel

Dem Verhaltensforscher *Harry Harlow* wird das folgende Experiment zugeschrieben:

Vier Affen wurden in einen Raum gebracht, der Gegenstände zum Spielen und Ausprobieren enthielt. In der Mitte des Raums war eine deckenhohe Kletterstange installiert. Daneben, an der Decke, hatte Harlow Bananen befestigt. Unterhalb der Bananen befand sich ein Brausekopf, der kaltes Wasser versprühte, wenn sich ein Tier den Bananen näherte.

Nachdem die Affen die Bananen wahrgenommen hatten, kletterte ein erster Affe die Kletterstange hinauf und wurde eiskalt abgeduscht. Geschockt und kreischend sprang er zurück auf den Boden. Nacheinander probierten die drei übrigen Affen dasselbe und erhielten jedes Mal eine kalte Dusche. Danach gaben sie ihre Bemühungen auf und ignorierten in der Folgezeit die Stange und die Bananen.

Harlow drehte dem Duschkopf nun das Wasser ab und da die Affen ja nicht wussten, dass keine Gefahr mehr bestand, versuchten sie auch nicht wieder, an die Bananen zu gelangen.

Harlow tauschte nun einen der Affen gegen ein neues Tier von außen aus. Der „unerfahrene" Neuling sah die Bananen und schickte sich an, die Stange herauf zu klettern.

Sofort schrien seine Artgenossen auf ihn ein und hinderten ihn am Erklimmen der Stange, bevor er die Bananen erreichen konnte; aus Sicht der Erfahrenen eine sinnvolle und schlüssige Handlungsweise.

In der Folge übernahm der Neuling die Verhaltensweisen seiner Mitbewohner und mied die Kletterstange und Bananen. Er hat aus den Erfahrungen seiner Artgenossen gelernt:

Manche Dinge tut man nicht, weil die anderen sie auch nicht tun.

Nach und nach wurden in dem Experiment alle Affen ausgetauscht gegen Artgenossen von außerhalb. Jeder hatte die Regeln gelernt.

Selbst nachdem der Brausekopf abmontiert war, mieden die Affen die Kletterstange, und die Bananen blieben unberührt. So wurden die Erfahrungen von der ersten Affengeneration an die nächste weitergegeben.

Wie lässt sich dieses Experiment auf das menschliche Verhalten und insbesondere sein Lernen übertragen?

Affen sind unsere nächsten Verwandten im Tierreich. Wir teilen mit ihnen eine Menge an sozialen Verhaltensweisen. Viele davon hat der Verhaltensforscher *Desmond Morris* in seinem Klassiker „Der nackte Affe" beschrieben. Das Lernen durch die Weitergabe von Erfahrungen und Wissen schafft einen enormen Vorteil für das Überleben des Individuums in einer gefährlichen Umwelt; insbesondere dann, wenn das Individuum, wie der Mensch, kaum von automatisch ablaufenden Instinktprogrammen geleitet wird. Dort hilft Lernen aus den Erfahrungen der Alten.

Beginnt der Azubi seine Ausbildung, ist für ihn alles neu. Er gleicht einem weißen Blatt Papier, welches im Zuge der folgenden Jahre beschriftet werden wird. Die zielgerichtete, strukturierte Vermittlung von Kenntnissen, Fertigkeiten und Fähigkeiten gleicht der Erfahrung und Wissensweitergabe der Affen an ihre neuen Kollegen. Zunächst ist das gut so.

Gleichwohl sollten wir uns als Ausbilder fragen, ob unsere Erfahrungen und Routinen noch zeitgemäß oder den Anforderungen angemessen sind. Sind wir dem Tunnelblick verfallen und bewegen uns in einer tiefen Furche aus Gewohnheiten „So haben wir das immer gemacht, und was bisher gut war, bleibt auch weiter so." oder „Können wir Prozesse und Verfahrensweisen infrage stellen, vielleicht sogar neu denken? Uns neu erfinden?"

Auszubildende können uns dort einen wertvollen Spiegel vorhalten: Sie betreten unsere Unternehmenswelt, unsere Routinen, mit einem unverstellten Blick und einer nicht vorgefassten Wahrnehmung. Ihre Perspektive auf die Dinge ist möglicherweise eine andere als unsere und es wert, gehört und bedacht zu werden.

Wenn ich von kritischem Denken schreibe, dann ist dies für mich die Bereitschaft und Fähigkeit, das Althergebrachte und bisher Erfolgreiche nicht als gesetzt und in Stein gemeißelt anzusehen, sondern durch einen unabhängigen Geist und Beobachter permanent einer kritischen Betrachtung zu unterziehen.

Einige populäre Irrtümer der neueren Technologiegeschichte:

„Keine Maschine kann einen zuverlässigen und redlichen Schreiber ersetzen."

(Der Präsident der Remington Arms Company bei der Ablehnung der Patentrechte für die Schreibmaschine, 1897)

„Atomenergie lässt sich weder zivil noch militärisch nutzen"

(Nikola Tesla, 1856-1943)

„Computer der Zukunft werden nicht mehr als 1,5 t wiegen"

(US Zeitschrift Popular Machanics 1949)

„Die weltweite Nachfrage nach Kraftfahrzeugen wird 1 Million nicht überschreiten, allein schon aus Mangel an verfügbaren Chauffeuren."

(Gottlieb Daimler, Erfinder, 1901)

Damit sich kritisches Denken entwickeln kann,

beauftragen Sie Ihren Azubi mit Erkundungsaufgaben:

Beobachte die Abläufe/Verfahren in der Praxis, und überlege, was sinnvoll und gut ist.

Richte deine Aufmerksamkeit auf Auffälligkeiten, die Fehler oder Optimierungsmöglichkeiten enthalten.

Wo entstehen Verluste an Zeit, Geld, Material, Motivation etc.?

Was kann man besser machen? Welche Vorteile entstehen, wenn etwas anders getan wird?

Welche Nachteile können Veränderungen mit sich bringen?

Mit welchen Widerständen sollte ich bei der Einführung von Änderungen rechnen?

Wie kann ich Kollegen für meine Änderungsvorschläge gewinnen?

Lebenslanges Lernen

Organisationen und Unternehmen sind auf Dauer nur dann zukunfts- und wettbewerbsfähig, wenn sie lernen. Der strukturelle und technische Wandel in unserer Wirtschaft und Gesellschaft zwingt uns zur permanenten Anpassung an sich verändernde Rahmenbedingungen. Folglich muss eine Organisation, ein Unternehmen, daran interessiert sein, lernorientierte und motivierte Mitarbeiter zu beschäftigen, die bereit sind, Lernen als lebenslangen Prozess aktiv mit zu gestalten. Dazu Vera Birkenbihl: „Heute ... erlebt ein Mensch in einem Leben so viel Veränderung und Neues wie eine Gemeinschaft von Menschen in ca. zehn Generationen! Deshalb ist lebenslanges Lernen angesagt."[24]

Eine Grundvoraussetzung für lebenslanges Lernen ist die sog. „**Personal Mastery**"[25]

Hiermit ist die Bereitschaft von Menschen gemeint, sich weiter zu entwickeln, Dinge zu tun, die ihnen wichtig sind und die Realität in ihren Lebenszusammenhängen kritisch zu überdenken. Mit anderen Worten: Die Fähigkeit zur Selbstführung und Persönlichkeitsentwicklung. In diesem Zusammenhang kann **Personal Mastery** auch als die Professionalität betrachtet werden, mit der Menschen an eine Sache herangehen. **Personal Mastery** wird daher nicht als Zustand verstanden, sondern als persönliche Einstellung, als lebenslanger Prozess, bei dem der Weg das Ziel ist.

Diese Überlegungen sind Grundüberzeugungen der Berufspädagogik. Der Azubi soll so früh wie möglich an selbstverantwortliches Denken, Handeln und Verantwortungsbewusstsein herangeführt werden. Diese Fähigkeit ist eine Schlüsselqualifikation, nämlich die Persönlichkeitskompetenz. Der Ausbilder ist gefordert, den Azubi

---

[24] *Birkenbihl, Vera F.: „Trotzdem lernen"*
[25] *Senge, Peter: Die fünfte Disziplin, S.111*

bei der Entwicklung seiner Persönlichkeitskompetenz zu unterstützen.

Zur Persönlichkeitskompetenz gehören:

- Überzeugungen, Normen und Werte, die zu einer Haltung führen.
- Die Fähigkeit, sich selbst kritisch zu hinterfragen, aber auch Kritik anzunehmen.
- Kreativität als die Fähigkeit, Neues zu erfinden
- Aufgeschlossenheit in der Bereitschaft, sich auf Neues und Anderes einzulassen.
- Lernbereitschaft.
- Belastbarkeit, in schwierigen Situationen, Durchhalte- und Durchsetzungsvermögen.
- Motivation, Beherrschung der Emotionen und des Antriebs.
- Verantwortlichkeit für sich selbst, sein Handeln und Leben zu übernehmen (und dies erfolgreich zu tun – Selbstkompetenz).
- Initiative in Form der Bereitschaft, proaktiv zu handeln.

Leerer Blick

Bestimmt ist es Ihnen auch schon mal so ergangen: Sie sind in eine Unterhaltung vertieft, schildern Ihrem Gesprächspartner einen Sachverhalt und bemerken, dass sein Blick starr ist, ins Leere geht. Sie wissen sofort, dass er ~~ihn~~ Ihnen nicht richtig zugehört hat.

Dahinter verbirgt sich keine böse Absicht; vielmehr ist es so, dass unser Gehirn (Arbeitsgedächtnis) nur kurzfristig etwa sieben Einzelinformationen aufnehmen, bearbeiten und verwalten, also abspeichern, kann. Das kann dadurch geschehen, dass die Teilinformationen neu sind, zu komplex oder zu schnell vorgetragen werden. Es entsteht der Effekt des „overload" und zum massiven Absinken der Behaltensleistung.

Hierauf reagiert unser Gehirn mit einer Auszeit. Die Aufmerksamkeit auf das Gegenüber wird zurückgefahren, die Gedanken schweifen ab, meist setzt das bewusste Denken aus. Der Verstand gönnt sich eine Atempause, um wieder zu Kräften zu kommen. Dabei geht Blick ins Leere, ist buchstäblich in die Ferne gerückt (defokussiert).

Nach kurzer Erholungszeit konzentriert sich unser Gesprächspartner wieder auf uns. Das merken wir daran, dass sein Blick nun wach ist (fokussiert). Er ist wieder bei uns.

Wenn Sie als Ausbilder bemerken, dass der Blick Ihrer Azubis öfter ins Leere geht, stellen sich die folgenden Fragen:

- Ist die Ausbildungseinheit zu lang?
- Sind die Vorkenntnisse der Azubis zum Thema hinreichend?
- Sind die Auszubildenden eventuell überfordert oder unterfordert?
- Sind die Auszubildenden über Sinn und Zweck des Inhaltes in Kenntnis gesetzt worden?
- Sind die Auszubildenden motiviert?
- Sind die Auszubildenden wach und frisch (Biorhythmus)?
- Habe ich als Ausbilder die richtige Methodenwahl getroffen?

- Könnte Methodenwechsel helfen?
- Ist meine Sprechgeschwindigkeit oder das Tempo der Darbietung zu hoch?
- Ist meine Sprechgeschwindigkeit oder meine Darbietung monoton?
- Habe ich ausreichend und an den richtigen Stellen Pausen eingeplant?
- Habe ich die Azubis ausreichend in die Unterweisung eingebunden, sie selbst tun, aktiv werden lassen?

Leittextmethode

Auch die **Leittextmethode** macht sich den **Handlungskreislauf** zu eigen (auch: Modell der vollständigen Handlung") und eignet sich als Kombination mit der **Gruppenarbeit**. Sie folgt dem Prinzip des Lernauftrags, ist jedoch anspruchsvoller. Der Ausbilder erteilt der Gruppe einen Lernauftrag. Damit die Auszubildenden wissen, wie sie den Auftrag angehen sollen, stellt der Ausbilder ihnen Materialien, Texte und Quellen zur Verfügung (**Leittexte**). Gezielte Fragen des Ausbilders (**Leitfragen**) lenken die Aktivitäten der Auszubildenden in die gewünschte Richtung. Die Auszubildenden können nun ihren Lernauftrag nach dem folgenden System bearbeiten:

Informieren: Die Auszubildenden erhalten einen für sie neuartigen Lernauftrag.

Planen: Die Auszubildenden erarbeiten selbstständig verschiedene Lösungsszenarien.

Entscheiden: Unter Mitwirkung durch Leitfragen des Ausbilders entscheiden sich die Auszubildenden für eine Lösungsvariante.

Ausführen: Die Lösungsvariante wird von den Auszubildenden selbstständig durchgeführt.

Kontrollieren: Die Auszubildenden kontrollieren ihr Ergebnis anhand vorgegebener Beurteilungskriterien.

Auswerten: Mit dem Ausbilder gemeinsam beurteilen die Auszubildenden das Ergebnis und den Prozess; auch unter der Fragestellung: "Was könnten wir beim nächsten Mal anders oder besser machen?"

Beispielthema: "Entwickeln Sie Vorschläge zur Reduzierung von Verpackungsmüll in der Verwaltung"

Um zu wissen, wie sie den Auftrag angehen sollen, benötigen die Auszubildenden Informationen.

Dabei helfen gezielte Fragen des Ausbilders, sogenannte **Leitfragen**, z.B.: Wo können wir uns zu diesem Thema Informationen beschaffen? Wurde dieses Thema in unserem Unternehmen schon einmal bearbeitet? Gibt es dazu bereits ein aktuelles Projekt?

Wen können wir bezüglich dieses Themas fragen?

Leitfragen im Entscheidungsprozess könnten z.B. lauten: Welche sind die wichtigsten Kriterien für eine erfolgreiche Umsetzung? Wo bestehen Hürden oder Risiken, und wie wahrscheinlich werden diese eingeschätzt? Welcher Erfolg ist bei der angestrebten Vorgehensweise zu erwarten? Etc.

- Leitfragen in der Auswertung könnten lauten:
- Wie zufrieden sind wir mit dem Ergebnis?
- Entspricht das Ergebnis unseren Erwartungen?
- Was ist in der Umsetzung gut gelungen?
- Wo traten Schwierigkeiten auf?
- Auf welche Ressourcen hätten wir verzichten / zugreifen können?
- Wie gestaltete sich die Zusammenarbeit in der Gruppe?
- Wer hat welchen Beitrag geleistet?
- Von wem hätten wir uns mehr erwartet?
- Etc.

Lernaufträge erteilen

Bei einer handlungsorientierten Ausbildung, in der die Auszubildenden weitgehend selbst aktiv sind (im Sinne von selbständigem Planen, Durchführen und Kontrollieren) ist es nicht immer möglich und sinnvoll, die einzelnen Feinlernziele „buchstabengetreu" und Schritt für Schritt zu vermitteln. Viel mehr Sinn macht es, den Lernstoff von den Auszubildenden an realen Aufgaben selbstständig erarbeiten zu lassen. Dies erfordert vom Ausbilder, die Lerninhalte didaktisch und methodisch so aufzubereiten, dass aus ihnen brauchbare **Lernaufträge** werden. In der Berufspädagogik zählt der **Lernauftrag** (gelegentlich auch bekannt als **Erkundungsaufgabe**) zu den erarbeitenden Methoden, da der Auszubildende sich den Lernstoff weitestgehend selbst aneignet.

Der Ausbilder gibt an den Auszubildenden einen Auftrag, den dieser aufgrund seiner Vorkenntnisse bewältigen kann. Der Auftrag soll realitätsbezogen und praxisnah sein. (Beispiele: Recherchieren Sie die wichtigsten Informationen zum Thema **BIO Lebensmittel**, oder tragen Sie alle Rechtsquellen zusammen, die sich mit dem Thema **Datensicherheit im Internet** befassen, oder machen Sie sich mit den **Regelungen zur internen Leistungsverrechnung** in unserem Unternehmen vertraut etc.). Der Auszubildende soll eigenständig Quellen finden, aus denen er für brauchbare Informationen gewinnen kann.

Das „**Modell der vollständigen Handlung**" eignet sich für die Bewältigung von Lernaufträgen in besonderer Weise. Es beschreibt eine methodische Herangehensweise an Problemstellungen vielfältigster Art, wie sie im Berufsalltag auftreten können.

Die konsequente Anwendung der Schrittfolge dieses Modells ermöglicht es dem Auszubildenden, sich eigenständig immer wieder auftretenden neuen Herausforderungen erfolgreich zu stellen.

Diese Methode ist auch als **Handlungskreislauf** bekannt.

Der **Handlungskreislauf** verläuft in der Abfolge von:

Informieren – Die Ausgangssituation wird geklärt sowie die notwendigen Informationen für die weitere Vorgehensweise beschafft.

Planen – Die Auszubildenden können eigenständig Lösungsalternativen entwickeln und erörtern. Vorgehensweise Zeitdauer, Ressourceneinsatz werden hier diskutiert.

Entscheiden – Die verschiedenen Lösungsansätze werden von den Auszubildenden beurteilt und bewertet. Anschließend wird eine Entscheidung für eine Alternative getroffen.

Ausführen – Die Umsetzung der Alternative wird durchgeführt. Hierbei gehen die Auszubildenden arbeitsteilig oder allein vor.

Kontrollieren – Arbeitsergebnisse werden im Sinne eines Soll-Ist-Vergleichs kontrolliert und ggf. korrigiert.

Bewerten – Die Auszubildenden bewerten ihre Arbeit selbst mit Unterstützung des Ausbilders. Dabei wird darüber gesprochen, ob die Vorgehensweise effektiv war und was ggf. beim nächsten Lernauftrag anders gemacht werden könnte.

Vom Schwierigkeitsgrad her gesehen bilden Lernaufträge in der Hierarchie der erarbeitenden Methoden die einfachste Stufe. Als Ausbilder sollten Sie in jedem Fall darauf achten, während des Lernauftrags für den Auszubildenden ansprechbar zu sein, damit offene Fragen oder Schwierigkeiten des Auszubildenden ausgeräumt bzw. bewältigt werden können.

Um einen Lernauftrag präzise und unmissverständlich zu machen, bedienen Sie sich der S M A R T Formel. Achten Sie unbedingt darauf, den Azubi, bzw. die Lerngruppe

Bei der Erledigung des Lernauftrags zu begleiten. Seien Sie in der Nähe und ansprechbar. Verfolgen Sie die Arbeits(fort)schritte, indem Sie sich Zwischenberichte geben lassen, bei denen Sie strukturierend oder korrigierend eingreifen. Das sollte nicht derart geschehen, dass der Azubi im Ergebnis seiner Arbeit die eigenständige Leistung nicht wiederfindet; Die Begleitung hat zum Ziel, den Lernerfolg und das Selbstvertrauen des Azubis zu sichern.

Lernen im Internet

Bevor ich etwas finden kann, muss ich wissen, was ich suche.
Unbekannt

Obwohl online einige Gefahren für die junge Generation lauern, ist das Internet ein ausgezeichnetes Medium, um individuelle Fähigkeiten zu fördern und den Wissenshorizont zu erweitern. Durch die Nutzung von Tablet und Smart Phone kann Lernen unabhängig von Zeit und Ort stattfinden, das Internet ist jederzeit und schnell verfügbar und stellt als Wissensdatenbank Unmengen an Informationen zur Verfügung. Wie bei jedem Lehr- und Lernmedium ist für den Lernerfolg die sinnvolle Nutzung des Internets entscheidend.

Gerade im Netz entsteht das Risiko, sich in der Flut der angebotenen Informationen zu verlieren. Durch den hohen Grad er Ablenkung, den das Internet bereithält, bedarf es der konzentrierten und ungebrochenen Aufmerksamkeit des Suchenden auf sein Rechercheziel. Und darüber hinaus die Fähigkeit, Wesentliches von Unwesentlichem zu trennen.

Die folgenden Leitfragen können helfen, dem Azubi Recherchefähigkeit zu vermitteln:

- Was ist das Thema?
- Was ist die Zielstellung?
- Wie lässt sich das Thema eingrenzen?
- Welche Fragestellungen sollen beantwortet werden?
- Wo soll man beginnen?
- Wie geht man systematisch vor?
- Welche Quellen sind brauchbar?
- Welche Informationen sind relevant, welche sind zu vernachlässigen?
- Wie soll mit unterschiedlichen, widerstreitenden Informationen verfahren werden?

„Copy & paste" ist eine Verfahrensweise, die bei der Erstellung von Berichten, Hausarbeiten, Ausarbeitungen, Präsentationen immer häufiger Anwendung findet.

Dabei werden oftmals Inhalte, Textteile unkritisch übernommen und wie ein Patchwork

aneinandergefügt. Dabei handelt es sich nicht um eine geistige Eigenleistung, sondern um Plagiat, will meinen: „Gestohlenes geistiges Eigentum".

Abhilfe kann der Ausbilder dadurch schaffen, indem er dem Azubi die Fähigkeit vermittelt, richtig zu zitieren.

Hierzu und zum richtigen Umgang mit der Informationsgewinnung und -verarbeitung im Internet findet der Ausbilder eine Vielzahl von Quellen im Internet selbst.

Lernen

Lernen wurde von der Natur erfunden, nicht von den Menschen.

Und die Natur erfand es, weil es Überlebenswert hat.

Vera F. Birkenbihl

Man kann nicht „nicht lernen". Das menschliche Gehirn ist so beschaffen, dass es zu Beginn seiner Entwicklung, schon-pränatal, beginnt, Informationen aufzunehmen und zu verarbeiten; also zu lernen. Es ist vergleichbar mit einem Hochleistungscomputer, der sich permanent durch die Neuaufnahme und Verarbeitung von Informationen weiterentwickelt. Das kann unbewusst, zufällig und unstrukturiert geschehen, aber auch bewusst, sinnvoll und systematisch. Am Lernen sind unterschiedliche Hirnbereiche beteiligt. Das bewusste Lernen geschieht in der Hirnrinde, dem Cortex. Dieser Bereich lernt langsam und verfestigt sich im Langzeitgedächtnis durch Wiederholung des Lerninhalts. Hierbei unterstützt eine tiefer gelegene Hirnstruktur, der Hippocampus. Dort spielt sich das unbewusste Verankern des Gelernten ab. Während der nächtlichen

Tiefschlafphasen sorgt der Hippocampus durch „Vorspielen des Gelernten" für eine dauerhafte Verankerung des Lernstoffes im Langzeitgedächtnis. Hierzu der Neurowissenschaftler Manfred Spitzer:

„Wer Fakten zu lernen hat, sollte **auf seinen Schlaf achten** und keinesfalls die Nacht zum Tage machen in der irrigen Annahme, auf diese Weise noch mehr lernen zu können. ... Wer sich den Schlaf raubt, der stört den eingebauten Lehrmeister bei der Arbeit, d. h. beim nächtlichen Repetieren dessen, was tagsüber gelernt wurde."[26]

Für den Ausbilder ergibt sich, dass betriebliches Lernen die **Vermittlung von Wissensinhalten, Fähigkeiten und Fertigkeiten** zum Ziel haben muss; und zwar geplant, organisiert und strukturiert.

Verschultes Lernen und Frontalunterricht lösen Blockaden und Fluchtreflexe aus. Die optimale, „gehirngerechte Lernumgebung" soll **Erlebnisse ermöglichen;** in „Erlebnissen" ist das Wort „Leben" enthalten.

Erlebnisreiches Lernen ist lebendiges Lernen. Die Hirnforschung zeigt uns: Unser Gehirn lernt ständig und will lernen!

Die Aufgabe des Ausbilders ist es daher, die optimalen Bedingungen für dieses Lernen zu ermöglichen.

Der optimale Lernerfolg wird erreicht, wenn die Azubis (kein Komma) selbst aktiv zu werden. Ich nenne das **Konstruieren**. Konstruieren löst das schulmäßige **Instruieren** ab. Der Methoden-Mix ist dabei das geeignete Instrument, **Lernen mit allen Sinnen** zu ermöglichen und in dem die Azubis bei jeder Gelegenheit zum selbstverantwortlichen Handeln ermutigt werden.

Organisiertes Lernen beginnt für den Ausbilder mit der **Zielbeschreibung**: Das soll der Azubi wissen, können, so soll er sich verhalten.

Der Zielbeschreibung folgt die Frage nach der Umsetzung, **wie gestaltet sich die Unterrichtung** am besten? Anders ausgedrückt:

---

[26] *Spitzer, Manfred: Nervensachen – Geschichten vom Gehirn, S. 202f*

Welche **didaktischen Prinzipien** sollen im Unterricht zur Anwendung kommen, damit das Lernziel erreicht werden kann?

Nach der Festlegung auf didaktische Prinzipien folgt die Wahl der **Unterweisungsmethoden**, welche den didaktischen Prinzipien folgen (Methodenwahl & Methodenmix).

Lernen lassen und „Lernen in der Arbeit"

Junge Menschen sollen und wollen lernen.

Eine hochwirksame Vermittlungsmethode ist das sogenannte Erfahrungslernen.

Das Prinzip ist: Ausprobieren statt instruieren. Beim Ausprobieren befindet sich der Lernende in einem permanenten „Konstruktionsprozess".

Die aktive Beschäftigung mit dem Lerngegenstand führt zur Verknüpfung neuer synaptischer Verbindungen im Gehirn.

Vorhandenes wird vertieft und verdichtet, Neues hinzugefügt und verankert; und zwar effektiver, als wenn der Lernstoff durch einen „Vermittler" dargeboten wird.

- Erfahrungslernen wird möglich gemacht durch:
- Erkunden lassen
- Erlebnisse ermöglichen
- Entdecken lassen
- Erproben lassen

Das Lernfeld „Arbeitsplatz" bietet eine Fülle von Möglichkeiten für lebendiges, selbsttätiges „Lernen in der Arbeit". Auf die folgenden Rahmenbedingungen sollte der Ausbilder dabei achten:

Stellen Sie Aufgaben, deren Grad an Komplexität dem Lernstand und Lösungsvermögen des Azubis angemessen sind (siehe auch das didaktische Prinzip der Entwicklungsgemäßheit).

Erteilen Sie möglichst Aufgaben, die einen konkreten Praxisbezug enthalten. Vermitteln Sie Sinn und Nutzen der jeweiligen Aufgabe für das Unternehmen (siehe auch das didaktische Prinzip der Praxisnähe).

Nehmen Sie mit den Aufgaben verknüpfte Aspekte in die Aufgabenstellung mit auf (siehe auch das didaktische Prinzip der Verknüpfung).

Knüpfen Sie an bereits vorhandenes Wissen und Können des Azubis an (siehe auch Lernzieltaxonomie).

Der Azubi kann und soll sich an der Aufgabe ausprobieren. Lösungen sollen von ihm selbstständig erarbeitet werden.

Fehler sind notwendig und willkommene „Lernhelfer". Der Ausbilder wertet den Fehler gemeinsam mit dem Azubi aus.

Der Azubi eignet sich die Theorie im Nachgang zur praktischen Arbeit an.

Der Ausbilder übt Zurückhaltung. Er gestaltet das Lernumfeld und begnügt sich mit der Rolle des Lernbegleiters. Er greift nur in besonderen Situationen ein.

Lernpsychologie

Die Lernpsychologie ist kein einheitliches Gebiet. Unterschiedliche Lerntheorien beleuchten die Sichte dessen, was unter „Lernen" verstanden wird, auf verschiedenste Art. Einig ist man sich jedoch über alle Lerntheorien hinweg über Folgendes:

In der Entwicklungsgeschichte des Menschen ist Lernen eine unverzichtbare Notwendigkeit für das Überleben des Einzelnen und der Gruppe.

Lernen ist ein lebenslanger Prozess, welcher bewusst oder unbewusst beim Lernenden stattfindet.

Verändern sich die Umweltbedingungen für den Menschen, muss er lernen, sich anzupassen.

Die Instanz, welche die Ergebnisse der Lernprozesse verarbeitet und speichert, ist das Gedächtnis.

Das Gedächtnis ist Bestandteil des menschlichen Gehirns; dieses besteht aus einer Vielzahl von Nervenzellen, welche Informationen speichern und austauschen. Die Nervenzellen des Gehirns sind wie Netzwerke organisiert und miteinander verbunden. Kenntnisse und Fertigkeiten werden in solchen Netzen gespeichert Über diese Netze lassen sich gespeicherte Informationen wieder abrufen. Unter welchen Voraussetzungen werden Informationen gespeichert, also behalten?

Die in den Netzen des Gehirns eintreffenden Informationen sind flüchtig (vergesslich). Sie bleiben nur dann konstant erhalten und verfügbar, wenn sie regelmäßig aktiviert (wiederholt) werden und / oder sich stark ins Gehirn eingeprägt haben, also im Gedächtnis verankert sind. Eine **Definition** für Lernen in der Ausbildung ist demnach:

Lernen ist die Veränderung von Fertigkeiten, Kenntnissen und Verhaltensweisen über einen längeren Zeitraum. Dies geschieht durch die Aufnahme und Verarbeitung von Informationen in Form von geplanten, zielgerichteten und organisierten Prozessen.

Lernen ist eine Grundbedingung dafür, dass der Mensch sich auf veränderte Gegebenheiten einstellen kann und führt somit zum Erwerb von Verhaltens- und Handlungsoptionen, die er bei zukünftigem Bedarf anwenden kann.

Die Lernbereiche oder des Lernens

Es werden drei Lernbereiche unterschieden, die dauerhaft und gezielt entwickelt werden können:

1. Der kognitive Lernbereich. Hier werden Kenntnisse erworben bzw. erweitert, die sich auf Wissen, Verstehen, systematisches Denken beziehen (z.B. Formeln, Vokabeln lernen, Textaufgaben lösen etc.).

2. Der psychomotorische Lernbereich. Hier erlernt der Mensch manuelle Fertigkeiten, Bewegungsabläufe und Koordination, Geschicklichkeit. In der Ausbildung werden vor allem berufstypische „Handgriffe und Bewegungsabläufe" vermittelt (z.B. die Körperhaltung und der Bewegungsablauf beim Sägen eines Werkstückes oder die Handgriffe beim Verpacken eines Geschenks).

3. Der affektive (gefühlsmäßige) Lernbereich. Hier sollen die Auszubildenden Einstellungen und Verhaltensweisen entwickeln, u.a. Gründlichkeit, Sorgfalt, Verantwortungsbewusstsein, die Fähigkeit, sich in bestimmte Aufgabenstellungen einfinden zu können, wie z.B. ein Kundengespräch führen können, Reklamationen kundenfreundlich entgegennehmen und abwickeln können, der kollegiale Umgang mit Kollegen und Vorgesetzten etc.

Wenn zu den Vorbedingungen des Lernens die Aufnahme von Informationen gehört, stellt sich die Frage: Wie erreichen die Informationen das Gehirn? Dies geschieht über unsere Sinnesorgane (auch Wahrnehmungskanäle):

Die Wahrnehmungskanäle des Menschen sind Auge, Ohr, Mund, Haut und Hand. Jeder Mensch nimmt die Informationen individuell unterschiedlich gewichtet auf. Aus dem Grund werden die folgenden Lerntypen unterschieden:

Der visuelle Lerntyp nimmt Informationen vorwiegend über das Auge auf. Er kann sie besser behalten, wenn sie ihm in Form von Bildern oder Grafiken präsentiert werden. Dieser Lerntyp zieht das Lesen und Betrachten vor.

Der auditive Lerntyp nimmt neue Lerninhalte am besten über das Gehör auf. Auditive Lerntypen kommen am ehesten mit Vorträgen, Referaten, Hörbüchern zurecht. Sie sind auch gute Zuhörer.

Der verbale Lerntyp verarbeitet die Lerninhalte am liebsten in der verbalen Auseinandersetzung mit anderen. Dies kann über die Diskussion in der Lerngruppe, das Lehrgespräch oder den Dialog mit anderen (Eltern, Geschwistern, Freunden) geschehen.

Der haptische (auch kinästhetische) Lerntyp möchte „begreifen". Er lernt am leichtesten durch eigenes Tun, fühlt, tastet, probiert aus, nimmt Dinge in die Hand. Er bevorzugt zum Lernen die körperliche Aktivität.

Menschen lernen mit allen Sinnen und lassen sich daher nicht auf einen einzigen Lerntyp festlegen. Daher ist es für den Ausbilder wichtig, im Auszubildenden den jeweiligen Lerntypen (als Präferenz) zu erkennen, aber auch im Unterricht möglichst viele Sinnesorgane anzusprechen (multisensuelles Lernen). Der Ausbilder bedient sich eines Methodenmix(es), der mehrere Wahrnehmungskanäle anspricht *beide Schreibweisen korrekt*. Durch diesen Methodenmix wird eine bessere Behaltensleistung und Verinnerlichung bei den Azubis gefördert.

Damit das Erlernte dauerhaft verankert werden kann, müssen die eintreffenden Informationen verschiedene Hürden überwinden:

Abschottung: Diese Hürde schützt unser Gehirn vor einer Überflutung von Umweltreizen. Alles was uns unwichtig, unerwünscht, langweilig, nervend erscheint, wird ausgeblendet, erreicht unser Bewusstsein nicht, wird nicht bemerkt, nicht wahrgenommen. Hierzu gehören bisweilen auch Informationen, die uns ängstigen oder Unlust in uns hervorrufen.

Gedächtnisarten

Ultrakurzzeit-Gedächtnis: Ist die Information interessant, erwünscht, benötigt oder wichtig (sie erregt unsere Aufmerksamkeit), dringt sie in das Ultrakurzzeit-Gedächtnis vor. Hier bleibt sie für ca. 10-20 Sekunden erhalten (der Name eines Partygastes, der Ihnen vorgestellt wird, mit dem Sie sich jedoch nicht weiter befassen; oder das Einspeichern einer Telefonnummer in Ihr Handy; ist der Vorgang abgeschlossen, haben Sie die Nummer wieder vergessen). Erst wenn Informationen eine bestimmte Reizqualität (Interesse, Spaß, Wichtigkeit) besitzen, werden diese weitergereicht in das

Kurzzeit-Gedächtnis: 20-30 Minuten behält es die Lerninformationen oder -inhalte, bevor die Informationen sich langsam wieder auflösen (Vergessen). Das soeben entstandene Netzwerk löst sich wieder auf. Erst wenn die Lerninhalte selbstständig erarbeitet wurden oder der Lernende an der Erarbeitung der Inhalte beteiligt war, wenn der Vorgang des Lernens mit Freude oder Lust einherging, wenn das Lernen viele Sinne angesprochen hat und auch Verknüpfungen zu anderen Bereichen (Netzwerken) hergestellt werden konnten, dann haben die Informationen eine Chance in das

Langzeitgedächtnis des Lernenden überführt zu werden und dort dauerhaft zu bleiben. Gerade wenn systematisch und strukturiert gelernt wird - hierzu gehört unabdingbar auch **das regelmäßige Wiederholen** des Lernstoffs - bleiben die Lerninhalte ein Leben lang erhalten und abrufbar.

Nützliche Regeln und Hinweise aus der Lernforschung:

Lernziele mitteilen.

Dem Auszubildenden soll vor jeder Lerneinheit Zweck und Bedeutung eines Lernstoffs einsichtig sein. Dadurch werden Aufmerksamkeit und Antrieb geweckt, der Auszubildende wird zum Lernen motiviert.

Sinnvolle Auswahl der Lerninhalte.

Der Lernstoff sollte eine praktische Nutzenanwendung in der Wirklichkeit besitzen, andererseits wird er schlecht im Gedächtnis verankert. Werden reale Begebenheiten und Erlebnisse angesprochen, so wird der Lerninhalt eingängiger. Das Wiedererleben des Lernstoffes in der realen Umwelt wirkt anschließend wie ein Verstärker des Gelernten und trägt so zur Verfestigung bei.

Neugierde wecken.

Neugier ist verwandt mit dem Spieltrieb; Wo Neugier, Faszination und gespannte Erwartung fehlen, wird die Lernbereitschaft für einen zunächst fremden Stoff nicht ausgelöst.

Das Allgemeine vor dem Detail präsentieren.

Größere Zusammenhänge hängen immer mit der alltäglichen Erfahrungswelt, mit dem Vertrauten, zusammen. Solche Informationen sind daher nicht allzu fremd und werden leicht im Gedächtnis verankert. Hier bilden sie ein vorbereitetes Netz für später dargebotene Details.

Assoziationen schaffen.

Durch veranschaulichende, bildhafte Darbietung der Lerninhalte werden bessere Übergänge vom Kurzzeitgedächtnis ins Langzeitgedächtnis geschaffen; auch werden die Informationen später leichter abrufbar.

Spaß am Lernen ermöglichen.

Spaß und Erfolgserlebnisse sorgen für eine positive Haltung zum Lernen. Darüber hinaus werden Informationen, die mit positiven Erlebnissen verknüpft sind, besonders gut verarbeitet und verstanden.

Viele Eingangskanäle bedienen.

Der Lernstoff sollte über möglichst viele Eingangskanäle angeboten werden. Je mehr Wahrnehmungsfelder im Gehirn angesprochen werden, desto größer werden Aufmerksamkeit und Lernbereitschaft. Auch können die gelernten Informationen leichter erinnert werden, wenn sie benötigt werden.

Lernziele entwickeln

Damit betriebliches Lernen planmäßig und geordnet erfolgen kann, muss der Ausbilder sich darüber im Klaren sein, welche Ziele erreicht werden sollen. Alle Lernziele sind im Ausbildungsrahmenplan aufgeführt. Sie sind als zwingende Mindestanforderungen vorgegeben und wie folgt gegliedert, wobei die Zielvorgaben je nach Grad ihrer Konkretheit definiert werden:

Richtziele: Sie geben die Richtung vor, in der das Lernen erfolgen soll. Im Ausbildungsrahmenplan findet man sie als Bereiche, wie z.B. Arbeitssicherheit, Personal, Marketing, Gesundheit und Ernährung etc. (z.B. im Ausbildungsberuf Drogist/in).

Groblernziele: Groblernziele leiten sich aus den Richtzielen ab und konkretisieren die zu vermittelnden Kenntnisse und Fertigkeiten in den jeweiligen Bereichen. Als Beispiel:

„Merkmale einer gesunden Ernährung und unterschiedliche diätetische Ernährungsformen beschreiben" (Ausbildungsberuf Drogist/in).

Eine weitere Zielpräzisierung findet im Ausbildungsrahmenplan nicht statt. Das liegt daran, das jedem Betrieb, auch wenn er das gleiche Berufsbild ausbildet, unterschiedliche Strukturen und Prozesse zugrunde liegen, an die er die konkreten Lernziele anpasst. Demnach leitet der Ausbilder aus den Groblernzielen für seinen Betrieb Feinlernziele ab, nach denen er praktisch ausbildet.

Feinlernziele: Sie geben das gewünschte Endverhalten, Wissen oder Können bei erfolgreichem Lernvorgang präzise und nachvollziehbar an. Feinlernziele sind so eindeutig und konkret zu formulieren, dass sie jederzeit überprüft werden können. Diese Beschreibung wird auch **Operationalisierung** genannt. Die Feinlernziele werden vom Ausbilder aus den Groblernzielen heraus entwickelt und fließen in den betrieblichen Ausbildungsplan ein.

Beispiel: Der Auszubildende kennt einschlägige Vorschriften zur Unfallverhütung und ist in der Lage, ein Sicherheitsmesser ordnungsgemäß zu bedienen; er kann einen Kartonschnitt sachgemäß durchführen und kennt die einschlägigen Unfallverhütungsvorschriften. Er kann die Verfahrensweise bei leichten- und schweren Verletzungen nennen.

Bei der Entwicklung der Lernziele hat der Ausbilder die unterschiedlichen Anspruchsgrade (**Lernzieltaxonomie**) der Feinlernziele zu berücksichtigen. Im kognitiven Lernbereich bedeuten sie eine steigende Wissenstiefe oder anwachsende Komplexität; im affektiven Lernbereich eine kontinuierliche Verinnerlichung von Verhaltensanforderungen. Im psychomotorischen Bereich eine steigende Koordinationsfähigkeit. So kann der Ausbilder in jedem Lernbereich feststellen, welches Niveau der Auszubildende bereits erreicht hat und welches er noch erreichen soll.

Beispiel für unterschiedliche Anspruchsgrade im kognitiven Bereich:

Bei der Vermittlung der „vier Grundrechenarten" steht als leichtestes Lernziel das Addieren, gefolgt vom Subtrahieren über das Multiplizieren hin zum schwierigsten Lernziel, dem Dividieren.

Beispiel für unterschiedliche Anspruchsgrade im affektiven Bereich:

Bei der Vermittlung des Lernziels „Ermittlung des Kundenbedarfes im Beratungsgespräch" steht als leichtestes Lernziel der „Einsatz von Erkundungsfragen", gefolgt von der nächsten Schwierigkeitsstufe „Konkretisieren und Bedarf spiegeln", im Anschluss daran „Produktempfehlung mit Nutzenargumentation" usw.

Beispiel für unterschiedliche Anspruchsgrade im psychomotorischen Bereich:

Bei der Vermittlung des Lernziels „Entkorken einer Weinflasche" ist das leichteste Lernziel die „Haltung der Hand am Körper der Flasche", gefolgt vom Lernziel „korrektes Ansetzen und Eindrehen des Korkenziehers", bis hin zum „geräuschfreien Auslösen des Korkens aus der Flasche" usw.

Lethargie

„Jetzt kommen die Azubis der Generation - Z -Lethargie"
Beitrag aus Welt Online Wirtschaft, vom 16.09. 2019

Laut einem Beitrag von „Welt online" finden Betriebe zwar wieder mehr Auszubildende, beklagen dennoch Schwierigkeiten mit den jungen Menschen: So gebe es Mängel bei sozialen Kompetenzen; im Jahr 2013 hätte noch etwa 50 % der Betriebe mangelnde Leistungsbereitschaft und Motivation bei den jungen Azubis festgestellt. Im Jahr 2018 seien es bereits 65 % gewesen. Auch die Belastbarkeit habe abgenommen. Ungefähr 45 % der Betriebe beklagten demnach im Jahr 2015 eine geringere Belastungsfähigkeit. Im Jahr 2018 sollen es schon über 55 % gewesen sein.

Unter Lethargie definiert „Duden online" einen „Zustand körperlicher und psychischer Trägheit, in dem das Interesse ermüdet ist."

Im Umkehrschluss bedeutet dies: Wenn der Ausbilder eine abwechslungsreiche Lernumgebung schafft, Sinn in den Tätigkeiten vermittelt, dem Azubi Verantwortung überträgt konsequent Leistung einfordert - und ihn im Alltag eng begleitet, kann die oben beschriebene Lethargie überwunden werden.

Motivation

"Wer ein „Warum" hat, dem ist kein „Wie" zu schwer." Friedrich Nietzsche?

Friedrich Nietzsche

Unter Motivation verstehen wir die Beweggründe, die Antreiber für das Handeln. Motive sind im Unbewussten des Menschen verankert und deshalb dem Handelnden oftmals nicht bekannt. Die Motive sind mehrheitlich unbewusste Bedürfnisse als Triebfedern unseres Handelns.

Motive suchen aktiv nach ihrer Befriedigung. Die Vorstellung, jemanden „von außen" motivieren zu können, wird seit längerem in Frage gestellt. Wenn Motivation von außen überhaupt möglich ist, dann darüber, dass Rahmenbedingungen geschaffen werden, damit der Azubi seine persönlichen Motive optimal bei der Arbeit ausleben kann. Der Ausbilder schafft Freiräume, um dem Azubi zu ermöglichen, sein Lernen zu organisieren. Je nach Reifegrad des Azubis ist dieser „Frei – Raum" enger oder großzügiger zu bemessen; die Begleitung des Ausbilders enger oder lockerer.

Wenn Freiraum gegeben wird, muss immer klar sein: **Freiheit wovon und Freiheit wozu.**

Die Vermittlung des Sinns hinter der Aufgabe und des Freiraumes ist Voraussetzung für die Selbstverpflichtung (Übernahme der Verantwortung) des Azubis.

Wissen macht Sinn – Sinn fördert Einsicht – Einsicht fördert Motivation – Motivation führt zum Handeln.

Der Psychologe Viktor. E. Frankl ist überzeugt davon, dass es zu den Grundbedürfnissen des Menschen gehört, „zu etwas nützlich" zu sein. Demzufolge ist es unerlässlich, dass der Azubi erfährt:

- Diesen Beitrag leistest Du durch Dein Verhalten / durch Deine Arbeit.
- Das wird durch diese Handlung möglich.

- Dieses Verhalten bringt…
- Dieses Wissen / Können ist von Vorteil für…

Konstruieren ist besser, als Instruieren.

Es ist wünschenswert, dass der Azubi sich die Antworten durch Überlegen (Konstruieren) selbst gibt. Dieses „Konstruieren" ist eine eigenständige Denkleistung des Azubis. Einfälle, Überlegungen, Erkenntnisse man selbst gekommen ist, haben einen höheren motivationalen Wirkungsgrad, als Ratschläge von außen.

Der Ausbilder kann durch gezielte Fragestellungen die Fähigkeit des „Konstruierens" befördern (Siehe hierzu den Beitrag „Fragendentwickelnde Methode").

Der Sportwissenschaftler Alois Kogler[27] spricht im Zusammenhang mit den Antreibern von so genannten Motiv-Clustern:

Zugehörigkeit	Gewinn
Harmonie	Ersparnis
Gemeinschaft	Struktur
Anerkennung	Regeln
Liebe	
Sicherheit	
Wettbewerb	Freiheit
Status	Spaß
Macht	Neugier
Leistung	Genuss
Bewunderung	Unabhängigkeit
	Abwechslung

---

27 Alois Kogler: Die Kunst der Höchstleistung – Sportpsychologie, Coaching, Selbstmanagement

In der Persönlichkeitspsychologie wird davon ausgegangen, dass bei jedem Menschen ein Motiv-Cluster überwiegend wirksam ist. Wir werden demnach angetrieben aus Bündeln unbewusster Motive (in der Fachliteratur auch als *intrinsische Motive* bekannt).

Wenn ich meinen Auszubildenden gut kenne, kann ich durch sein Verhalten auf seinen Motiv-Cluster Rückschlüsse ziehen und entsprechend auf ihn einwirken (*extrinsisch motivieren*).

Handelt mein Azubi aus dem Motiv-Cluster „Zugehörigkeit, Gemeinschaft, Anerkennung" heraus, so kann ich ihn damit motivieren, indem ich ihm vermehrt Aufmerksamkeit und Wertschätzung zukommen lasse und eng in das Team einbinde.

Das „gute Kennen" setzt eine intensive Beobachtung voraus und kostet Zeit. Darüber hinaus gibt es nie nur ein vorherrschendes Motiv; auch können sich die Motiv-Cluster überlagern, oder auch situationsbedingt ein Motiv aus einem anderen Cluster vorherrschen.

Daher schlage ich vor, eine Abkürzung zu nehmen, um die Motivatoren des Azubis herauszubekommen: Selbstreflexion. Wer, wenn nicht der Auszubildende selbst weiß am besten, was ihn antreibt, was ihn fasziniert, was seine Aufmerksamkeit ganz in Anspruch nimmt?

Setzen Sie sich mit dem Azubi zusammen, erläutern Sie ihm die vier Quadranten mit den jeweiligen Motiven, und lassen Sie ihn seine Motive erkunden und priorisieren.

Im Anschluss daran soll der Auszubildende bei den wichtigsten Motiven herausfinden, welche Tätigkeiten in der Ausbildung, an welche seiner Motive gekoppelt sind.

Motivation im Unterweisungsgeschehen

Der Ausbilder ist über drei Ebenen in der Lage, Einfluss auf die Motivation des Auszubildenden zu nehmen:

Die **inhaltliche Ebene** beschreibt die Auswahl interessanter, praxisnaher Themen und deren anschauliche Darstellung.

„Wie würdet ihr aus einem Aluminiumblock einen Ständer für euer Smartphone fertigen? Welche Kenntnisse benötigt ihr dafür? Welche Hilfsmittel wollt ihr anwenden?"

Usw.

Auf der **didaktischen Ebene** fördert der Ausbilder die Motivation durch sinnvollen Methodenmix und angemessenen Einsatz von Ausbildungsmedien.

Er stellt Medien und Material zur Verfügung und, leistet unterstützende Begleitung.

Die **Verhaltensebene** meint das konkrete Verhalten des Ausbilders: Seine Art des Vortrages, Eingehen auf die Azubis, Überzeugungskraft etc.

Er fordert auf, lässt Tun, hält sich zurück, greift bei Bedarf ein, ist in erreichbarer Nähe.

Hat der Azubi in seinem Tun Erfolg, verstärkt dies seine Motivation, weiter zu lernen, denn er wird versuchen, mehr vom „guten Gefühl des Erfolgs" zu bekommen.

Tritt dagegen Misserfolg ein, wird er versuchen, weiteren Misserfolg zu vermeiden und geht einer Aufgabe, die zum Misserfolg führen könnte, lieber aus dem Weg.

In diesem Zusammenhang kommt dem Ausbilder eine wichtige Aufgabe zu: Er muss dafür Sorge tragen, dass die Rahmenbedingungen, in denen Ausbildung stattfinden soll, die erwünschte Lernmotivation nicht behindern; ansonsten stellen sich Demotivation, Frust und Widerstände ein. Auch muss er dafür sorgen, dass die dem Auszubildenden übertragenen Aufgaben lösbar sind und diesen zwar herausfordern, aber nicht überfordern. Die zu vermittelnden Lernziele sind deswegen immer erreichbar zu gestalten (Siehe auch SMART Formel).

Eine Aufgabe kann einen Azubi auch einmal überfordern – daraus kann er lernen, wie er sich bei Schwierigkeiten verhalten kann – wer kann mir helfen? Wo kann ich die nötigen Informationen beschaffen? usw. Diese Variante kann der Ausbilder dort einsetzten, wo der Azubi von einer hohen Leistungsmotivation angetrieben,

oder falls es ein „unterforderter" Azubi ist, dem eine Herausforderung, an der er wachsen kann, guttut.

Pflichtbewusstsein entwickeln

Wissen um den Sinn fördert Einsicht.

Pflichten sind mühselig, unattraktiv und langweilig. Werden gerne vernachlässigt.

Andererseits sind Pflichten unabdingbar für die Erhaltung von Ordnung in jedweder Hinsicht. Meist sind es Routinen, die gerne auf die Azubis abgewälzt werden („Lehrjahre sind keine Herrenjahre"). Das Auskehren der Werkhalle, das Falten von Servietten, sonstige als monoton erlebte Verrichtungen.

Im Begriff des Pflichtbewusstseins ist „Bewusstsein" enthalten. Bewusstsein ist die Vorbedingung dafür, dass eine (unliebsame) Pflicht als sinnvoll und damit dem Berufsbild zugehörig erkannt wird. Es ist am Ausbilder zu erklären, welcher Nutzen dem Ganzen durch die Ausübung der jeweiligen Pflicht entsteht. Vor allem aber auch, welche Schäden eintreten können, wenn Pflichten vernachlässigt werden.

Das Wissen um den Sinn hinter der Aufgabe befähigt den Azubi, sich damit zu identifizieren und Motivation zur Erledigung seiner Pflichten aufzubauen.

Wissen führt zu Einsicht, und Einsicht führt zu bereitwilligem Handeln.

Die stetige Übung (Disziplin) tut ein Übriges dafür, das Pflichten irgendwann in selbstverständlichem, routiniertem Handeln des Azubis münden.

Pubertät

Unabhängig von kulturellen oder gesellschaftlichen Rahmenbedingungen durchlaufen Menschen eine biologisch-psychologische Entwicklung. Vom Kind zum jugendlichen / Heranwachsenden zum jungen Erwachsenen. Insbesondere die Phase des Erwachsenwerdens, die so genannte Pubertät, ist für den Ausbilder eine Phase, die ein besonderes Augenmerk erfordert.

Während der Pubertät befindet sich der Jugendliche in einer kompletten Ausnahmesituation. Das betrifft sowohl den Körper mit Entwicklungsschüben als auch das Gehirn.

Während der Pubertät verändern sich ganze Gehirnareale. Alte Strukturen werden abgebaut, neue Strukturen und Verknüpfungen werden aufgebaut. Die neue Persönlichkeit befindet sich im Werden, der junge Mensch sucht sich selbst und seinen Platz in der Welt. In dieser Phase ist er psychischen Spannungen ausgesetzt, die sich in Unmotiviertheit, Trägheit, Widerspruch und Aggression ausdrücken können. Die Emotionalität und das impulsive Verhalten stehen in der Pubertät im Vordergrund. Solches Verhalten ist nicht immer beeinflussbar oder absehbar. Kommt in dieser Gemengelage beim Jugendlichen der Konsum von Drogen hinzu, kann dies unvorhersehbare Folgen für die weitere Entwicklung nach sich ziehen. Die Aufmerksamkeit des Ausbilders sollte hier besonders geschärft sein.

Grenzen, Normen und Werte, Regeln und alles Einengende werden in Zweifel gestellt, bisweilen abgelehnt. Zu den Eltern als primären Bezugspersonen entwickelt sich eine kritische Distanz, Konflikte bauen sich auf. Machtworte der Eltern führen zu einem Ohnmachtsgefühl beim Jugendlichen und erzeugen stärkeren Widerstand. Gleichzeitig begibt sich der junge Mensch auf die Suche nach Werten, Regeln, Grenzen und vor allem nach Beziehung. Hier ist der Ausbilder aufgefordert, den Jugendlichen abzuholen und mit entsprechenden Angeboten zu versorgen.

Der Phasenverlauf in der Pubertät ist in Bezug auf Alter und Geschlecht individuellen Abweichungen unterlegen. Daher unterliegt es der aufmerksamen Beobachtung des Ausbilders einzuschätzen, in welcher Phase sich der Jugendliche momentan befindet.

Wer als Ausbilder auf die Karte „Macht" bzw. „Anweisung" setzt, muss wissen, dass er beim Jugendlichen damit im besten Fall Gehorsam auslöst. Die Akzeptanz der Anweisung nimmt jedoch Schaden; insbesondere, wenn die Sinnvermittlung hinter der Anweisung fehlt. Die freiwillige Übernahme von Aufgaben, Pflichten und Verantwortung wird hierdurch erschwert oder zunichte gemacht.

Viele Jugendliche beginnen heutzutage ihre Ausbildung mit Reife-Defiziten. Dies betrifft das soziale Verhalten, die Fähigkeit, sich ein- bzw. unterzuordnen, die Fähigkeit, Belastungen auszuhalten und die eigenen Bedürfnisse hintenan zu stellen.

Wo das Elternhaus, die Schule und andere prägende Sozialisationsinstanzen Defizite hinterlassen haben, ist der Ausbildungsbetrieb, speziell der Ausbilder, gefordert „nachzureifen". Insofern kommt ihm auch die Rolle des Erziehers zu.

In dieser Rolle kann er umso erfolgreicher sein, je eindeutiger er die Werte und Verhaltensweisen, die vermittelt werden, benennen kann und vor allem selbst vorlebt.

Respekt

Respekt ist die Rücksichtnahme auf Notwendigkeiten und Bedürfnisse im zwischenmenschlichen Verhalten, zum Beispiel:

Sorgsamer Umgang mit den zur Verfügung gestellten Arbeitsmitteln – denn jemand anderer hat sie bezahlt. Darüber hinaus geht es nicht um den finanziellen Wert, alleine. sondern auch der Respekt vor der Sache / dem Wert an sich.

Das Einhalten von Verhaltensregeln, die ein reibungsloses Miteinander möglich machen.

Wertschätzender Umgang in der Kommunikation mit Vorgesetzten, Kollegen, Kunden und Lieferanten.

Respektloses Verhalten ist in unserer Gesellschaft immer häufiger anzutreffen. Die Ursachen sind vielfältig und müssen hier nicht diskutiert werden. Die meisten Menschen verfügen über ein *„Observing Ego"*. Es ist vergleichbar mit einem Navigationssystem für Verhalten: Sie betrachten sich selbst und ihr Verhalten und richten es an der Umgebung aus. Dadurch wird ein störungsfreier Umgang im sozialen Umfeld möglich. Wie ein Navigationssystem benötigt auch das *observing ego*

„Kartenmaterial" im Sinne von Verhaltensrichtlinien, an denen es sich ausrichtet. Und auch, wenn nötig, Updates. Dieses „Material" stellt der Ausbilder dem Azubi zur Verfügung.

Menschen, die „sich gehen lassen", verfügen nicht über die Fähigkeit, sich selbst dabei zu beobachten, wie sie auf andere wirken. Sie sind nicht in der Lage, ihr Temperament, ihre Impulsivität im Zaum zu halten. Oftmals haben diese Menschen kein anderes Verhalten gelernt. Das Befähigen solcher Azubis zur „Selbstregulierung" stellt hohe Anforderungen an die pädagogischen Fähigkeiten, die Geduld und Ausdauer des Ausbilders.

Fest steht, dass Respektlosigkeit den Umgang miteinander erschwert und die Arbeitsergebnisse negativ beeinflusst. Als

Ausbilder können und sollten Sie Respektlosigkeiten frühzeitig wahrnehmen und ihr entgegenwirken.

Menschen testen in den unterschiedlichsten sozialen Situationen aus, wie weit sie gehen können. Das ist weitgehend altersunabhängig. Hier ist es nicht hilfreich, in der Respektlosigkeit von Auszubildenden böse Absichten zu unterstellen. Vielmehr ist es

für den Ausbilder unabdingbar, Grenzüberschreitungen wahrzunehmen, zu bewerten und zu thematisieren. Wegschauen oder verharmlosen führt zu einer Wiederholung und Verstärkung des respektlosen Verhaltens. Nicht zuletzt macht Beispiel Schule und die kommentarlos hingenommenen Grenzüberschreitungen des einen werden von anderen kopiert.

Bei Grenzüberschreitungen ist es daher wichtig, dem Auszubildenden klarzumachen, was sein Verhalten bei anderen bewirkt. Machen Sie als Ausbilder klar, welches Verhalten noch toleriert werden kann und wo Grenzen überschritten werden. Dies könnte mit folgenden beispielhaften Formulierungen geschehen:

„Ich habe die Verantwortung für Ihre Ausbildung übernommen und stehe damit in der Pflicht. Diese Verpflichtung kann ich jedoch nicht alleine wahrnehmen, ich brauche dafür Ihre Mithilfe. Ihr wiederholtes Zuspätkommen ist nicht angemessen / akzeptabel. Bitte stellen Sie das ab."

„Gespräche über die Interna unserer Firma vor Kunden sind nicht angemessen; bitte lassen Sie das in Zukunft".

„Wir legen in unserer Firma Wert darauf, uns zu begrüßen, wenn wir uns begegnen.

Bitte achten Sie künftig darauf, das auch zu tun."

„Sie sind jetzt in der Arbeitswelt, in der Welt der Erwachsenen. Wer sich in dieser Welt als Erwachsener behandelt fühlen will, muss sich auch erwachsen verhalten.

„Ich erwarte von Ihnen Respekt, und Sie können Respekt von mir erwarten. Das bedeutet, im Umgang miteinander pflegen wir ganz bestimmte Regeln. Wir begrüßen uns höflich, lassen einander ausreden usw."

„Als Verantwortlicher für ihre Ausbildung weiß ich, was wann wie zu geschehen hat und von Ihnen zu tun ist. Daher erwarte ich von Ihnen, dass Sie das akzeptieren. Umgekehrt erhalten Sie meinen Respekt, wenn sie sich entsprechend unserer Vereinbarungen verhalten."

Wer als Ausbilder Respektlosigkeiten nicht unmittelbar Einhalt gebietet, riskiert eine zunehmende Verwahrlosung des Verhaltens bei seinen Azubis, die sich bis zur Missachtung der Person des Ausbilders steigern kann. Nicht jede Grenzüberschreitung ist eine Respektlosigkeit, die gleich geahndet werden muss. Der Ausbilder hat hier einen Ermessensspielraum, in dem er sich bewegt. „Ein guter Lehrer darf keine Zeit mit unwichtigen Dingen verschwenden, und er muss rasch erkennen, wann er auf eine Störung mit Strenge und wann mit Humor reagiert."[28]

Respekt erhält nur derjenige, der sich selbst respektiert; das will heißen:

- So gehe ich mit mir selbst um:
- Darauf achte ich in meinem Verhalten mir selbst und anderen gegenüber:
- So möchte ich von anderen behandelt werden:

Dieses Verhalten anderer mir gegenüber akzeptiere ich – dieses Verhalten akzeptiere ich nicht.

Diese Verantwortung habe ich als Ausbilder und Vorgesetzter gegenüber meinem Unternehmen und meinem anempfohlenen Azubi, und ich bin entschlossen, sie wahrzunehmen.

---

[28] Felten, Michael: „Schluss mit dem Bildungsgerede" - Weiterführende Quellen: Rogge, Jan-Uwe: „Pubertät – Loslassen und Haltgeben."

Rollen und Aufgaben des Ausbilders

Mit Gruppen zu arbeiten, erfordert vom Ausbilder, unterschiedliche Rollen und Aufgaben wahrzunehmen. Zu seinen wichtigsten Aufgaben zählen:

Der Ausbilder ist Fachmann für ein Wissensgebiet.

Ein fundiertes Fachwissen ist zweifellos die Grundlage für die Ausbildungstätigkeit. Dieses große Fachwissen kann aber nicht einfach mit Hilfe einer "Hochdruckbetankung" an die Auszubildenden weitergegeben werden. Ein erstklassiger Fachmann zu sein reicht deshalb oftmals nicht aus, um junge Erwachsene in dem jeweiligen Fachgebiet auch unterrichten zu können.

Der Ausbilder ist auch Fachmann für Didaktik und planvollen Unterricht.

Das bedeutet in der Praxis, er muss wissen, wie er sein Fachwissen vermittelt, welche Methoden er für welche Zwecke einsetzen kann und wie er die Azubis motiviert.

Der Ausbilder ist ein kooperativer Lernpartner.

Junge Erwachsene lernen leichter und motivierter, wenn sie sich von ihrem Ausbilder respektiert und anerkannt fühlen. Deshalb ist es für den Ausbilder wichtig zu wissen, wie man mit den Auszubildenden richtig umgeht. Der Ausbilder sollte ein kooperativer Lernpartner und nicht der unnahbare Oberlehrer sein.

Der Ausbilder ist schließlich auch Gruppenbetreuer.

Er organisiert, plant und leitet nicht nur die Arbeit in der Gruppe, sondern hat auch einen Blick für die besondere Dynamik von Gruppen. Er achtet neben den sachlichen Aspekten auch auf die emotionale Ebene der Gruppenmitglieder und hilft bei der Klärung und Lösung von zwischenmenschlichen Problemen und Konflikten.

Der Ausbilder ist auch Ansprechpartner für private Sorgen und Probleme.

Voraussetzung ist jedoch eine Beziehung, die von Vertrauen und Diskretion getragen ist. Dabei geht es nicht immer darum, dass der Ausbilder Lösungen für die Anliegen des Azubis parat hält. Er sollte in seiner Beratung darauf hinwirken, dass der Azubi an der Problemlösung mitwirkt, bestenfalls aus eigener Kraft (unter Begleitung des Ausbilders) seine Probleme löst. Das erzeugt beim Azubi das Gefühl von Selbstverantwortung und Selbstbefähigung für die Lösung seiner Probleme.

Vertiefende Hinweise hierzu finden sich in der Literatur unter den Stichworten:

- „Ressourcenorientierung"
- „Resilienz" und
- „Salutogenese"

Schlüsselqualifikationen

Sie werden auch als Soft Skills bezeichnet. In der Berufspädagogik heißen sie Schlüsselqualifikationen. Denn wie ein Schlüssel eröffnet das Vorhandensein dieser Qualifikationen der Person die Fähigkeit zu lebenslangem Lernen - selbstbestimmt und selbstständig.

Die Vermittlung von Schlüsselqualifikationen hat für den Ausbilder und den Betrieb einen hohen Stellenwert. Denn die Bereitschaft und die Fähigkeit zum lebenslangen (weiter-)Lernen ist der „Überlebensfaktor" in einer sich rasant verändernden Arbeitswelt.

Die Schlüsselqualifikationen unterteilen sich in drei Kompetenzbereiche:

Persönlichkeitskompetenz

Hierzu zählen unter anderem

- Selbstvertrauen
  Selbstdisziplin
  Selbstreflexion
  Engagement
  Motivation
  Neugier
  Belastbarkeit
  Eigenverantwortung

Soziale Kompetenz

mit Eigenschaften wie

- Teamfähigkeit
  Einfühlungsvermögen (Empathie)
  Menschenkenntnis
  Kommunikationsfähigkeit
  Integrationsbereitschaft
  Kritikfähigkeit
  Umgangsstil

Methodische Kompetenz

- Anwendung von Umgang mit Neuen Medien
  Strukturierte und zielorientierte Arbeitsweise
  Analytische Fähigkeiten
  Problemlösungskompetenz
  Stressresistenz
  Organisationstalent
  Zeitmanagement

Ein häufig in der Literatur vernachlässigter Bereich ist die

Strategische Kompetenz

Hierbei handelt es sich um die Fähigkeit, Vorhaben und Ereignisse auf einer längeren Zeitachse vorauszudenken und unter den verschiedensten Aspekten durchzuspielen. Auch Ziele, Wege und Maßnahmen langfristig planen und verfolgen zu können. Dabei flexibel auf sich verändernde Rahmenbedingungen und Ereignisse zu reagieren. Diese Schlüsselqualifikation wird in der Berufsausbildung vernachlässigt, da man sie im Allgemeinen erst von Fach- und Führungskräften erwartet. Dennoch kann der Ausbilder nicht früh genug damit beginnen, **vorausschauendes Denken und Handeln** bei seinen Azubis zu entwickeln.

Selbstwertgefühl

Das Selbstwertgefühl speist sich überwiegend aus unseren frühkindlichen Erfahrungen mit den unmittelbaren Bezugspersonen. Botschaften dieser Personen, wie:

- Du kannst nichts!
- Du bist nichts!
- Du wirst nichts!
- Du bist nur liebenswert, wenn Du nützlich bist, gehorsam, erfolgreich bist etc.

Verfestigen sich mit der Zeit zu so genannten „Glaubenssätzen", welche bestimmte Gedankengänge und Verhaltensweisen, aufrufen, die selbsttätig ablaufen, „getriggert" werden.

Dem gegenüber stehen positive Botschaften von Bezugspersonen, die aufbauend sind und Selbstvertrauen bilden:

- Du kannst das!
- Du bist wichtig!
- Du bist klug!
- Du gehörst dazu!
- Du wirst gebraucht!
- Du wirst vermisst!
- Ich finde dich gut!
- Wir mögen dich!
- Du bist liebenswert!
- Etc.

Struktur und Ordnung

Nach Alfred Adler sind Persönlichkeit bildende Faktoren das Gewöhnen an Ordnung,

das Vermitteln von Sinn und die Selbsttätigkeit, auch Selbstwirksamkeit.

Hierzu gehören eine Systematik und zuverlässige Regelmäßigkeit.

Das Streben nach Ordnung ist dem Menschen angeboren – dem einen mehr, dem anderen weniger.

Eine gemeinsame Ordnung sorgt für eine geregelte, störungsfreie Zusammenarbeit und ein aufeinander zu arbeiten.

SMART Formel und Leittextmethode geben Struktur vor.

Ebenso helfen Fragen:

- Was ist das Lernziel?
- Worum geht es im Text?
- Worum geht es nicht (was kann ich vernachlässigen, was ist überflüssig)?

Ordnung und Struktur entstehen auch durch Tagespläne und To do-Listen

- Aufgaben
- Vorhaben
- Routinen
- Pflichten

Werden nach Wichtigkeit und Dringlichkeit priorisiert und kontinuierlich abgearbeitet.

Nicht Erledigtes wird für den nächsten Tag übertragen.

To do-Listen verschaffen dem Azubi eine Übersicht auf das geleistete Tagwerk und tragen zur Erkenntnis bei, viel Sinnvolles erledigt zu haben.

Eigenverantwortliches Lernen kann nur sinnvoll sein bei Auszubildenden, welche entsprechende Leistungsstärke vorweisen; Individuelle Reifegrade der Azubis und ihre unterschiedlichen Bedürfnisstrukturen, sowie Lernstände sind dabei zu berücksichtigen.

Vorbild

Um mit der Welt zurechtzukommen, benötigen wir Orientierungshilfen, Wegmarken. Die Gebrauchsanleitung für das Leben mit seinen vielfältigen Aspekten können nur Menschen liefern. Und Menschen orientieren sich am Erfolgsmodell.

Das Vorbild ist in der Lage, sich selbst zu führen. Es bewegt sich sicher in seinem Umfeld, ist konstant in seinem Verhalten und berechenbar. Vorbilder setzen die geltenden Werte und Vereinbarungen im Umfeld zuverlässig und konsequent um. Das Vorbild meint, was es sagt und tut, was es sagt. Als Vorbild wird der Ausbilder konsequent, verbildlich und gerecht wahrgenommen. Diese Verhaltensweisen werden auch mit Integrität und Authentizität beschrieben und unbewusst nachgeahmt. Sie führen nicht zwingend zur Beliebtheit des Ausbilders bei seinen Azubis, wohl aber zu Achtung und Anerkennung. Und das lässt den Ausbilder zu einer Autorität werden.

Jedes Umfeld, jede Subkultur hat ihre eigenen Vorbilder, die nach entsprechenden Normen und Werten handeln. Vorbildhaftes Verhalten wirkt auf Menschen attraktiv und wird unbewusst nachgeahmt.

Dabei geht es ausdrücklich nicht darum, dass ein Vorbild heldenhaft und in allen Bereichen perfekt sein soll. Vorbilder dürfen menschlich sein. Sie dürfen Emotionen zeigen, sie dürfen Fehler machen und gelegentlich auch schwach sein. Denn diese Eigenschaften machen auch die gesamte Bandbreite der menschlichen Existenz aus.

Für den Ausbilder ergeben sich daraus die Fragen:

Welche Werte und Einstellungen sind gewollt und wirken positiv (vorbildlich) auf unsere Auszubildenden?

Gibt es in unserem Unternehmen eine eindeutig formulierte Unternehmenskultur? Wird diese Kultur von allen gelebt?

Gibt es präzise Leitlinien der Führung, die für alle verbindlich sind?

In welchen Verhaltensweisen kommen unsere Werte und Einstellungen zum Ausdruck?

Lebe ich selbst diese Verhaltensweisen aktiv?

Wie kann ich als Ausbilder diese Verhaltensweisen meinen Azubis nahebringen und verstetigen?

Wie soll ich mich verhalten, wenn der Azubi in wechselnden Ausbildungsabschnitten Brüche in Unternehmenskultur und Führungsleitlinien erlebt?

Zukunft der Ausbildung

Die Zukunft der Ausbildung liegt in der Digitalisierung.

Eine förmliche Revolution ist im Anbruch durch VR-/AR-Technologie. Mit Hilfe von Computersimulationen und so genannten VR- (Virtual Reality) Brillen können Maschinen, Anlagen, Baustellen, und die vielfältigsten beruflichen Situationen dreidimensional erschaffen werden. Der Azubi bewegt sich durch die virtuelle Lernwelt als Übender, Spielender. Risiken für Sicherheit und Gesundheit können dabei ausgeschlossen werden, da solche Anwendungen vergleichbar sind mit einem Flugsimulator oder ähnlichem.

Je nach Komplexität der Anwendung ist der Azubi zeitlich und räumlich flexibel und kann sein Lerntempo und seine Lernintensität individuell gestalten.

Noch gibt es nur wenige Bereiche, in denen VR in der Ausbildung Einzug gehalten hat.

Diese Entwicklung wird m.E. in den kommenden Jahren einen rasanten Zuwachs verzeichnen.

Lesen Sie hierzu auch www.fraunhofer-innovisions.de/vrar/die-ausbildung-der-zukunft

Ein vielversprechendes Konzept, das betriebliches Lernen attraktiv und effektivgestalten kann, heißt **Gamification**.

Nach Auffassung des Gelehrten Johan Huizinga ist der Mensch ein „homo ludens" (spielender Mensch), der seine persönlichen Eigenschaften und sein Charakterbild

aus spielerisch gemachten Erfahrungen entwickelt. Im Spiel können sich Entwicklungskräfte und Kreativität frei entfalten. Dem gegenüber steht der Begriff des

„homo faber" (schaffender Mensch), der „... ein zweckgerichtetes, systematisch aufgebautes Spiel für das Lernen und für Erfahrungsgewinn..."[29] zu nutzen weiß.

Hieraus hat sich in den letzten Jahrzehnten das Konzept der Gamification entwickelt.

Ziel ist es hierbei zunächst, trockene, monotone Lernstoffe auf eine spielerische Art zu vermitteln.

Die Beschäftigung im Spiel macht Spaß und führt zum „flow", einem hohen Maß an Konzentration, in dem im Gehirn das „Glückshormon" Dopamin ausgeschüttet wird.

Gamification nutzt die Prinzipien der Spielebranche, indem Erfolge belohnt werden,

Integration des Spielers in ein soziales Gefüge von Gleichgesinnten (vor allem über das Internet), die Schaffung von Herausforderungen durch Wettbewerb, Zusammenarbeit in Teams, knappen Ressourcen oder Zeitdruck etc.

Neben dem „gewöhnlichen" Wissenserwerb fördern komplexe Spielszenarien so genannte Schlüsselqualifikationen: Planung und vorausschauendes Denken und Handeln, Methoden- und Entscheidungskompetenz, Affektrückhalt, Frustrationstoleranz, die Fähigkeit der kritischen Selbstauswertung und vieles mehr.

Dadurch, dass die Spielgrundsätze der Gamification sich auch das reale Leben übertragen lassen, können sie auch dort zu Entfaltung kommen.

„Wenn man also eine Lernumgebung schafft, in der spielerisch mit den Inhalten umgegangen wird und die darauf ausgerichtet ist, zum Beispiel die wichtigsten Herausforderungen und Tätigkeitsfelder des zukünftigen Jobs spielerisch zu bewältigen, kann man auf einen guten Lernerfolg hoffen"

---

[29] *Quelle: Wikipedia*

In der beruflichen Erstausbildung steckt der Ansatz der Gamification noch in den Kinderschuhen; erst wenige Unternehmen haben diese Möglichkeiten für sich entdeckt. Mit dem Ausbau der Datenübertragungskapazitäten (Bandbreiten) wird sich die Entwicklung rasant beschleunigen.

Abschließend stellen sich für den Ausbilder die folgenden Fragen:

- Welche Anwendungen sind sinnvoll und nutzbringend im jeweiligen Ausbildungsberufsbild?
- Steht die Verwendung der Anwendung in einem sinnvollen Verhältnis zu den Lernzielen?
- Welche Kompetenzen können/sollen mit der Anwendung gefördert/entwickelt werden?
- (Fachkompetenz, Sozialkompetenz, Methodenkompetenz, Persönlichkeitskompetenz)
- Welche Rolle fällt mir als Ausbilder beim Einsatz von VR Technologie zu (Instruktor, Lernbegleiter, Beobachter?).
- Welches Verhältnis habe ich selbst zu der jeweiligen Technologie (siehe auch Mindset)?
- In welcher Detailtiefe muss ich mich als Ausbilder mit der jeweiligen Anwendung vertraut machen?
- An welchen Stellen kann der Azubi sich mit der Anwendung alleine beschäftigen und wo benötigt er meine Begleitung?
- Wie gestalte ich den Übergang vom folgenlosen Üben in der virtuellen Realität zur praktischen Anwendung am Arbeitsplatz?
- Was wird sich in der zeitlichen und räumlichen Struktur der Ausbildung ändern?
- Wie bereite ich mich selbst (proaktiv) auf die anstehenden Veränderungen vor?

Über den Autor:

Michael Steffens ist Diplom-Pädagoge, Trainer und Coach in freiberuflicher Tätigkeit. Er ist seit 1988 als Dozent für mittelständische Unternehmen und verschiedene Weiterbildungsträger tätig. Insbesondere bereitet er Teilnehmer*innen auf die Ausbildereignungsprüfung vor. Darüber hinaus ist er Mitglied in Prüfungsausschüssen ADA für die IHK Koblenz. In zahlreichen weiterführenden Workshops und Seminaren vermittelt er Ausbilder*innen praktische und wirksame Methoden für eine zeitgemäße und erfolgreiche betriebliche Ausbildungsarbeit.